五年制高等职业教育德育工作研究

方向阳　郝云亮　著

苏州大学出版社

图书在版编目(CIP)数据

五年制高等职业教育德育工作研究 / 方向阳, 郝云亮著. —苏州：苏州大学出版社, 2021.11
ISBN 978-7-5672-3174-0

Ⅰ.①五… Ⅱ.①方… 郝… Ⅲ.①高等职业教育—德育工作—研究—中国 Ⅳ.①G711

中国版本图书馆 CIP 数据核字(2020)第 099768 号

五年制高等职业教育德育工作研究
方向阳　郝云亮　著
责任编辑　周建兰

苏州大学出版社出版发行
(地址：苏州市十梓街 1 号　邮编：215006)
广东虎彩云印刷有限公司印装
(地址：东莞市虎门镇北栅陈村工业区　邮编：523898)

开本 700 mm × 1 000 mm　1/16　印张 9.75　字数 186 千
2021 年 11 月第 1 版　2021 年 11 月第 1 次印刷
ISBN 978-7-5672-3174-0　定价：35.00 元

若有印装错误，本社负责调换
苏州大学出版社营销部　电话：0512 - 67481020
苏州大学出版社网址　http://www.sudapress.com
苏州大学出版社邮箱　sdcbs@suda.edu.cn

前　言

在党和国家制定的教育体系中，高等职业教育作为其重要组成部分，同国家和社会经济发展有着非常紧密的关联，作为技能型人才市场的供给方，在建设具有中国特色的国民教育体系和终身教育体系的现代化以及实现人才强国战略进程中发挥着极其关键且独特的作用。五年一贯制高等职业教育是高等职业教育的一种新的人才培养模式，它打通了原先三年制中等职业教育和三年制高等职业教育的壁垒，融合成"3＋2"的学段模式，即三年中职加两年高职。其优势是选择这种学习模式的学生投入的学习时长和教育支出明显减少，并且教育的效率和效益显著得到提高。五年一贯制高等职业教育从整体上构建学生的知识、技能和素养结构，统筹搭建中高职两个阶段的课程内容体系。通过五年的持续培养，毕业生既符合我国高等职业教育的文化素养要求和技能要求，又达到联合国教科文组织《国际教育标准分类法》5B所需的实际技术和专门技能的标准。在专业建设方面，五年一贯制高等职业教育和三年制高等职业教育一样，都是以服务区域经济社会发展为导向，以符合区域行业企业要求为标准，充分体现实用、新型、现代、复合等特征。近几年，五年制高等职业教育的毕业生年均就业率普遍好于本科及以上学历毕业生。

五年一贯制高等职业教育的毕业生"动手能力比本科生强，知识结构比中专生优"。就业市场对其需求一直都很旺盛。五年一贯制高等职业教育院校招收初中毕业生，学生入学年龄偏小，还是未成年人，但这恰恰是该学制的最大优势。学生在校学习时间较长，可塑性较大，无论在文化素养方面，还是在专业技能方面，与三年制高等学生相比都有着非常明显的优势。在校学习时间长这个在技能培养上的优势，在德育方面却是个劣势。学生从14、15岁进校，到19、20岁离校，经历了从未成年人到成年人的过渡。在这个过程中，德育工作至关重要。德育目标如何设定、德育活动怎么开展、德育课程如何组织、德育方法怎么选择，都需要高等职业院校德育工作者加以研究、实践。

五年一贯制高等职业教育飞速发展的趋势，对德育改革提出了全新的要求。教育的最终目的是使受教者的身心得到健康、持久、科学的发展，使他们成为当代社会所认可、尊重的人才。作为思想教育和道德教育的结合,德育对学生的全面发展至关重要,它直接关系到学生的成长和未来。如何把五年制高职学生培养成有文化、有素养的 21 世纪新型人才,是当下施教者所面临的新的、最重要的任务;如何有效地实施德育,使学生在德、智、体、美、劳各方面得到全面发展,亦是一个紧迫的课题。

目 录

发展篇

第一章 我国五年制高等职业教育发展研究 …………………………… 001
 第一节 五年制高等职业教育的发展历程与现状 …………………… 001
 第二节 五年制高等职业教育与三年制高等职业教育的比较研究 …… 008

第二章 我国五年制高职学生特点分析 ………………………………… 012
 第一节 五年制高职学生思想发展现状分析 ………………………… 012
 第二节 五年制高职学生身心特点分析 ……………………………… 015
 第三节 五年制高职学生综合素质现状分析 ………………………… 019

第三章 五年制高等职业院校德育的现状与特点 ……………………… 023
 第一节 五年制高等职业院校德育概述 ……………………………… 023
 第二节 五年制高等职业院校德育存在的问题及原因 ……………… 028

探索篇

第四章 五年制高职德育的教育担当 …………………………………… 036
 第一节 中高职德育有效衔接的必然性 ……………………………… 036
 第二节 中高职德育有效衔接的必要性 ……………………………… 039
 第三节 中高职德育有效衔接的实践性 ……………………………… 050

第五章 五年制高职分层次德育的思考 ………………………………… 054
 第一节 五年制高职分层次德育起点分析 …………………………… 054

第二节　五年制高等职业院校分层次德育模式建构 …………… 059
　　第三节　五年制高等职业院校分层次德育实践策略 …………… 063

第六章　"互联网+"时代五年制高职德育面临的机遇与挑战 … 069
　　第一节　"互联网+"时代五年制高职德育的境遇与取向 ……… 069
　　第二节　"互联网+"时代五年制高职德育的挑战与机遇 ……… 074
　　第三节　"互联网+"时代五年制高职德育的变革与对策 ……… 079

展 望 篇

第七章　基于课程思政的五年制高职德育 ……………………… 084
　　第一节　五年制高职课程思政的现状 …………………………… 084
　　第二节　课程思政与德育的天然联系 …………………………… 089
　　第三节　五年制高职课程思政的实施 …………………………… 095

第八章　基于活动德育的五年制高职德育模式构建 …………… 103
　　第一节　基于活动德育的高职德育改革 ………………………… 103
　　第二节　五年制高等职业院校活动德育课程体系的构建 ……… 106
　　第三节　五年制高等职业院校德育课程结构优化策略 ………… 110

第九章　五年制高等职业教育德育管理与评价 ………………… 117
　　第一节　"三创"背景下的高等职业教育德育管理 ……………… 117
　　第二节　五年制高等职业教育有效德育评价体系的构建 ……… 120
　　第三节　五年制高等职业教育多元评价体系的实践探索 ……… 124

第十章　学校德育品牌建设理论 ………………………………… 128
　　第一节　学校德育的本质、特点与功能 ………………………… 128
　　第二节　学校德育品牌建设的目标与原则 ……………………… 136
　　第三节　学校德育品牌建设的误区与高等职业院校德育品牌的构建 …… 140

参考文献 ………………………………………………………………… 145

第一章

我国五年制高等职业教育发展研究

第一节 五年制高等职业教育的发展历程与现状

一、五年制高等职业教育的内涵

五年制高等职业教育是以高等职业教育专业为教育教学载体开展的高职教育的各种形式之总称，其指导思想为以综合素质培养为基础，以能力培养为主线，抓住高等职业教育特色，全面推进素质教育，深化课程体系、教学手段、教学内容和方法等教育改革，探索出更有利于增强学生职业能力的人才培养模式。其办学定位是：以专科学历层次高素质、高技能人才为培养目标，以初中毕业生为招生对象，学制为五年，连接中职与高职教育为一体的职业教育。

当下，我国五年制高等职业教育分为"2+3"学年制、"3+2"学年制和五年一贯制三种模式。其中，"2+3"学年制和"3+2"学年制的高职教育由中、高等职业院校合作办学。"2+3"学年制是为了实现中、高等职业教育的有机衔接，以专科学历层次高素质、高技能人才培养为目标，面向初中毕业生开展两学年中职（前两学年教育的办学主体为中等职业学校，学习中等职业教育课程）加上三学年高职（后三学年教育的办学主体为高等职业院校，学习高等职业教育课程）的分学段式培养的职业教育形式。学生在中职学段学习成绩合格才可申请进入对口的高等职业院校继续深造，达到三学年高职培养目标者，才能获得由高等职业院校颁发的高等职业教育（专科）学历证书；若学生在前两学年中职学段完成相应学习任务但未能通过考核升入高等职业院校继续深造，则按中职教学计划进入一学年的顶岗实习阶段，完成实习任务，由中等职业学校颁发中等职业教育（中专）学历证书。"3+2"学年制是为实现中、高等职业教育的有效对接,以专科学历层次高素质、高技能人才培养为目标,面向初中毕业生开展三学年中职(前三学年教育的办学主体为中等职业学校,学习中等职业教育课程)和两学年高职〔后两学年教育的办学主体为高等职业院校(以下简称"高职校"),学习高等职业教育课程〕的分学段式培养的职业教育形式。相对于"2+3"学年制,"3+2"学年制的学生进入高职校学习的前提是获得由中等职业学校颁发的中等职业教育(中专)学历证书。高职学段学制为两学年。达到高职培养目标者,才能获得由高职校颁发的高等职业教育(专科)学历证书。五年一贯制高职教育则由高职校独立举办,将中高职教育融于一体,以专科学历层次高素质、高技能人才培养为目标,面向初中毕业生开展五年一贯制职业教育的培养形式。五年一贯制实行"2+2+1"分段课程,即两学年中职教育课程、两学年高职教育课程和一学年企业顶岗实习。达到高职培养目标者,将获得由高等职业院校颁发的高等职业教育(专科)学历证书。以上三种模式的五年制高等职业教育的招生对象全部为初中毕业生。学生学业期满将获得由教育部统一印制的"普通高等学校毕业证书",即国家承认的全日制大专学历。

五年制高等职业教育积极开拓了中高职教育一体化培养人才的方式,作为当下我国职教的一项重要改革工程,在办好人民满意的教育、促进教育结构的优化、推动职教事业的可持续发展方面发挥着积极的作用。五年制高等职业教育培养模式的出现极大地丰富了中高职教育一体化的人才培养形式,增强了中高职的衔接力度,增强了我国职业教育的竞争力和吸引力;同时也填补了社会经济发展对高素质、高技能人才需求的空缺;更通过丰富的培养模式,满足了广大人民群众对我国职业教育的多样化需求。

二、我国五年制高等职业教育的发展

20世纪80年代初,改革开放的春风带动了我国工业以及出口的发展,社会经济也开始起飞,由此带来了全社会各行各业对高素质、高技能人才的需求量激增。1983年,教育部在福建省集美航海专科学校等一些工科学校首次试办五年制专科教育,以期培养符合经济发展和社会需求的工科类技术应用型人才。

当年11月下旬,教育部在杭州召开有关高等工程教育的研讨会,与会者介绍了苏南工业专科学校办学模式(面向初中毕业生的五年学制)的特点及其毕业生当时的就业情况。1984年4月,教育部在《关于高等工程教育层次、规格和学习年限调整改革问题的几点意见》(教高二字〔1984〕10号)中肯定了1983年11月杭州会议的成果,首次鲜明地提出了国家鼓励各级各类职业学校采取灵活多样的办学模式,尝试举办面向初中毕业生招生的五年学制的职业教育,或开办短期职业大学、高等专科学校。该文件奠定了我国五年制高等职业教育的发展基础。

1985年,《中共中央关于教育体制改革的决定》中提出要积极发展高等职业技术院校。在这一决定的影响下,当时的职业技术教育司提出了以初中应届毕业生为招生对象的五年制技术专科学校的试办实施方案,目的是有机衔接中高职,规避中专升格大专后继续向本科倾斜的趋势,以期实实在在地培养生产第一线的技术人员、业务人员和管理人员。同年7月4日,国家教委颁布了《关于同意试办三所五年制技术专科学校的通知》。该通知是我国五年制高等职业教育发展的正式起点,提出了"四五套办"这一新的人才培养方案,即四年制中专和五年制高职套办。具体而言,便是先按中专的教学计划开展为期两学年的基础理论课程以及专业基础理论课程的教学,随后根据学生的实际学习状况,选择三分之一左右学习成绩较为优秀的学生升入高等职业院校,按高等职业院校的人才培养方案再开展为期三学年的教学。成绩合格的学生可获得国家承认的专科毕业文凭;而未能升入高等职业院校深造的约三分之二的中专学生则继续按照本校的人才培养方案再进行为期两学年的学习,完成学业后可获得国家承认的中专毕业文凭。当年,职教司决定在机电工业、地震预测、航空工业三个行业先开始小规模试点,以原上海电机制造学校为基础,成立了上海电机技术高等专科学校;以国家地震局地震学校为基础,成立了北京防灾地震高等专科学校;以西安航空工业学校为基础,成立了西安航空工业高等专科学校。上述三校皆为面向应届初中毕业生,以"四五套办"办学理念开办的高职院校。

1990年,国家教委在解放军总后勤部邢台军需工业学校的基础上成立了邢台高等职业技术学校(1991年正式获批)。该校成为我国第一所面向应届初中毕业生招生,实行五年一贯制办学模式的职业院校。

1994年,全国教育工作会议明确提出了通过"三级分流"建立初、中、高相互衔接的职业教育体系,同时确定了"三改一补"发展高等职业教育的基本方针。所谓"三改",即通过对职业大学、成人高校和高等专科学校的深化改革来发展我国的高职教育;所谓"一补",即在国家级重点中专内举办高职教育班作为补充。1998年12月,教育部《面向21世纪教育振兴行动计划》在高等教育部分第一次对高等职业教育进行了明确阐述:"积极发展高等职业教育,是提高国民科技文化素质、推迟就业以及发展国民经济的迫切要求。"据统计,到1998年为止,我国批准试办五年制高职的中专学校和技术专科学校达22所。

2000年,国务院办公厅印发了《国务院办公厅关于国务院授权省、自治区、直辖市人民政府审批设立高等职业学校有关问题的通知》(国办发〔2000〕3号)。各级地方政府积极响应该通知精神,很快成立了一大批高等职业院校,其中相当一部分学校升格为五年制高等职业技术学校。这一举措促使五年制高职如雨后春笋般发展起来。

2001年,教育部职业教育与成人教育司对我国五年制高职教育的办学现状进行了综合调查,分析并总结了我国五年制高职教育的办学形式以及办学经验,同时还请专家对五年制高职教育的必要性做了深入的阐释,并且重新论证了五年制高等职业教育的专业设置。2002年3月,教育部职业教育与成人教育司印发了《教育部关于进一步办好五年制高等职业技术教育的几点意见》(教职成〔2002〕2号,以下简称《几点意见》),明确规定了我国五年制高职教育的发展方针、办学主体、专业设置、经费投入、教学质量以及管理体制。这份指导性文件对我国高等职业教育的发展起着关键性作用。

据统计,至2002年年底,全国上下举办的各级各类五年制高等职业院校突破千所,其中独立设置的职业院校便达到355所,五年制高职在校生超过25万人。2005年,全国业已形成了以独立设置的职业技术学院为主的办学主体开办五年制高等职业教育的办学格局。2004年,北京市开始试点举办五年制高等职业院校,北京农业职业学院、北京信息职业技术学院以及北京轻工职业技术学院等七所学(院)校成为北京第一批试点学校。江苏省率先推进了五年制师范教育的试点,随后四川、山东、河北、安徽等省都相应实施了五年制高等职业教育试点。2009年,四川省计划招收五年制高职学生9 894名,出人意料的是当年的报考人数竟然高达40 759名,超过了招生计划的4倍,竞争相当激烈。

自20世纪80年代初至今,我国五年制高职教育通过试点、总结、再优化,业已成为我国高等职业教育的重要组成部分。在此期间,《国务院关于大力推进职业教育改革与发展的决定》(国发〔2002〕16号)提出了"适度发展初中后五年制高等职业教育"。教育部职业教育与成人教育司紧随"适度发展,规范管理,办出特色"的原则对五年一贯制高职教育专业指南提出了新要求。这一举措规避了五年一贯制高等职业教育的盲目发展,使五年一贯制高等职业教育的发展重回稳定和理性。

在中国台湾地区,1968年,岛内为缓解经济迅速发展对技术型人才需求的压力,借鉴日本职教经验,正式举办了五年制专科学校(以下简称"五专"),面向应届初中毕业生招生,学制为五年。学生毕业时可获得副学士学位证书以及初、中级技术员资格。台湾地区"五专"培养的是实用型、技术型技术员,教学内容面向具体的职业,适应生产实际,帮助学生获得从事某种职业所需具备的理论知识以及应用技能等。台湾地区"五专"的专业设置分为农业、商业、工业、师范、海事、家政、新闻、医护、体育、艺术、市政、外语12类。其毕业生主要集中于工业、商业和管理等领域。1985年,毕业生中工程类占43.67%,商业及管理类占25.07%。台湾地区"五专"的教学模式是:采用学分制;学生前三学年修通用基础课程,后两学年修专业课程,修满220学分即能毕业,其中最后 1.5 学年内不进行理论学习,主修实验和实习。由此可知,实践课在总学时中占据着相当高的比例。台湾地区"五专"获得了 30 多年的持续发展,并进行了多次改进。台湾地区鼓励私人或财团举办"五专"教育。台湾地区现有专科学校 77 所,其中"五专"69 所,占专科学校总数的 89.6%,在校生 13.5 万人,占专科学校全部在校生的 62.7%。私立"五专"发展尤其迅速,69 所学校中,私立"五专"达 49 所,占全部"五专"学校数的 71.0%。

三、我国五年制高等职业教育的现状

我国五年制高等职业教育先后经历了试点、过度发展、反思调整,直至当下的科学发展。自 1984 年试点以来,五年制高等职业教育在刚起步时遭遇了不小的挫折,直至 20 世纪 90 年代才得到了迅猛发展,以致规模盲目扩大,不少学校偏离了一开始的培养目标定位。2007 年,教育部下发通知,在保证普高招生计划完成的前提下,将普通专升本、高职单招、五年一贯制高职比例分别限定为 5%。下发此通知的原因,是当时有些中等职业学校背离了我国职教发展的初衷,把中职变为升学的"便车",学校课程不再以培养技能为主,而着重于备考升学。5% 比例的限制措施有效地控制了大量教育教学资源被转移到复习迎考中。众多学校对五年制高等职业教育的培养目标重新进行了梳理和定位,调整了规模和培养方式,使得五年制高等职业教育进入了科学发展的轨道。

(一)江苏省率先试点

江苏省率先试点五年制高等职业教育的改革,并推出了符合本省实际的五年制高职招生计划,把五年制高等职业教育改革在省内全面铺开。1984 年,南通师范学校试办五年制师范,招收初中毕业生。1994 年,国家教委批准无锡机械制造学校为全国首批进行高职班试点的 10 所中等专业学校之一。至 1998 年,全省试点学校扩大到 26 所。2004 年 8 月 31 日,江苏省教育厅印发了《关于江苏联合职业技术学院有关管理工作的通知》(苏教办〔2004〕34 号),明确:江苏联合职业技术学院是一所独立设置、专科层次的普通高等学校,学院的任务是统筹管理和指导五年制高等职业教育的发展。其职能:协调和帮助高等职业学校制定发展规划;统筹协调高等职业技术学校五年制学生的年度招生计划;组织高等职业技术学校开展教育教学交流、合作与研究;组织高等职业技术学校教师申报高校教师副教授以上高级职务的院级评审工作;协调高等职业技术学校的专业建设及校际教学资源的共享等事项;负责高等职业技术学校中五年制学生的学籍管理,颁发毕业证书等。截至 2018 年,江苏联合职业技术学院共有 53 个分院、36 个办学点和 4 所高等师范学校,覆盖全省 13 个市及部分县(市、区)。除江苏联合职业技术学院外,江苏城市职业学院及 16 个办学点、22 所独立设置的高职院中均有五年制高职教育存续。

（二）五年制高等职业教育的培养模式多样化

在各省市，五年制高等职业教育对人才的培养模式不尽相同，总体来看主要分为两种类型：第一类是五年一贯制，由高职高专院校独立培养；第二类为中高职合作办学，共同培养。在不同省市，其侧重点又不完全一致。江苏省在2009年实施的五年制高等职业教育采取的是五年一贯制模式，不批准在校外开设办学点，全部学校均不实行"分段式"教学。陕西省五年制高等职业教育分为五年一贯制和中高职联合办学"3+2"两种模式。陕西省对两种培养模式下的毕业生都颁发大专学历文凭。湖北省自2014年开始启动了"3+2"中高职分段培养模式的试点改革，同时扩大五年一贯制高等职业教育试点专业的范围，进一步推进了中高职教育的衔接，培养了一批中高职教育一体化模式下的高文化素质、高职业素养、高应用技术型的新型实用人才，缓解了各行各业各岗位的需求压力。其中，分段培养模式主要由中高职共同开展试点，五年一贯制模式则由同一学校开展试点。福建省颁布了《关于做好2013年五年制高职招生工作的通知》，明确了省内高等职业院校都可以申请开办五年制高等职业教育，学生毕业时可以获取高职学历文凭，中高职合作办学，采取"3+2"分段模式，统一培养五年制高职人才。山东省青岛市稳步推进"三二连读"高等职业教育以及五年一贯制高职教育试点。广西壮族自治区的五年制高等职业院校被批准开展五年一贯制模式、"2+3"模式以及"3+2"模式的高职教育。三种模式下的五年制高等职业院校毕业生都能获得高等教育（大专）学历文凭。

（三）限制招生规模，提高专业建设水平

2012年，国家对五年制"3+2"职业教育模式提出了新要求，即仅同意中等职业学校的省级示范专业或省级以上重点中等职业学校的主体专业进行申报，同意在重点中职学校安排艺术类、医学类、涉海类、体育类、农林类、旅游类等为主体的专业。具体来讲，各中等职业学校的规模小于等于4个班，总人数小于等于160人，招生人数不超过招生计划的50%。这些限制性措施促使五年制职业教育的发展逐渐恢复理性，借力于五年制高等职业教育，较好地解决了中高职衔接的问题。各级各类职业学（院）校也通过中考、对口单招、注册入学等多种渠道培养了一批批符合我国各类企业需求的五年制高素质、高技能型职业人才。湖北省的五年制高等职业教育发展较为缓慢，其五年一贯制培养试点只允许在省级示范以上的高等职业院校和农林类、水利类、地矿类、艺术类、体育类高等职业院校开展，试点专业全为省级重点专业或学校主干专业。原则上每所高等职业技术学（院）校限报1~2个试点专业，并且招生总计划数不得超过200人。

（四）加强五年制高职教育与本科教育的衔接

江苏省正试点推动"3+3"中等职业教育与高等职业教育、"3+4"中等

职业教育与应用型本科教育、"3+2"三年制高等职业教育与应用型本科教育、"5+2"五年制高等职业教育与应用型本科教育无缝对接的学制体系。它们丰富、完善了我国的职业教育体系。浙江省的高等职业教育提高了中等职业学校应届毕业生的招生计划，使近三分之一的中等职业学校应届毕业生能够获得进入高等职业院校继续深造的机会。此举促使浙江省的中等职业教育严丝合缝地对接于高等职业教育。山东省在2014年大力推进高等职业院校单独招生的试点、中等职业教育与普通本科教育"3+4"模式以及高等职业教育与普通本科教育"3+2"模式贯通培养的招生试点、五年制高职等形式的招考工作，积极推进高等职业院校的注册入学试点工作。

四、国外五年制高等职业教育的发展

（一）日本五年制高等职业教育的发展

日本五年制高等职业教育的发展平台是高等专门学校，其中绝大多数为公立院校，由政府财政维持举办。自20世纪60年代初开办至今，这一教育模式在日本国内取得了极大的成就。经济合作与发展组织（OECD）高等教育政策观察团评价："即使从全球水平看也是高水平的，让人佩服。"虽然日本五年制高等职业教育每年的招生数量并不多（近年来皆为6万人左右，占比应届初中毕业生1%），但五年制高等职业教育为日本的产业界做出了不可磨灭的贡献，在日本的教育体系中占据了非常独特的地位。通过对日本五年制高等职业教育的考察，不难发现，其存在着以下四个非常明显的特征：首先，它有非常明确的人才培养目标。无论是起初的"中坚技术者"，还是当下的"具有实践性创造性的技术者"，日本的高等专门学校都是紧紧围绕国内的产业发展来进行技术型人才的培养。其次，它具有非常明确的发展方向。日本政府及教育界一贯坚持高等专门学校和普通大学教育的特殊区别，在国内社会对高学历化的要求越来越高的前提下，高等专门学校先后推出了七年制（本科）甚至九年制（研究生教育）的人才培养模式，构建出独立完整的职教体系。与此同时，政府严格限制高等专门学校转为普通大学。再次，其课程结构不同于一般的大学。高等专门学校注重对学生实践能力的培养，特别关注对学生的文化教育以及健全人格的培养，并根据时代发展的需要，及时增删并优化教学内容。其理论教学服务于实践并与"专攻科"构建知识阶梯。高等专门学校还注重计算机与外语的教学。最后，在毕业生的发展道路上高等专门学校寻求多样化。学生从一开始的全部就业发展到当下过半升学。学校为学生构建起职教体系内的上下衔接，形成了职教体系与普教体系的互融机制。

（二）奥地利五年制高等职业教育的发展

奥地利的经济曾在二战中遭遇了毁灭性破坏，1955年开始飞速发展。当

下，奥地利人民的生活质量已排在了全世界的前几位，而其经济的腾飞便受益于职教的发展。奥地利的孩童 6 周岁进入小学，通过九年义务教育，在其八年级即大约 14 岁时，便要进行一次人生选择，即将来要成为学术型人才还是技术型人才，从而决定是读普通高中还是职业院校。2009 年，80% 以上的 14 岁年轻人选择了职业技术教育。奥地利的职教有两种模式：第一种为职业教育与训练学校，有三年制和四年制（类似于我国的中职教育）两种；第二种为职业教育与训练学院，为五年制（类似于我国的高职专科教育）。

第二节 五年制高等职业教育与三年制高等职业教育的比较研究

一、五年制高等职业教育与三年制高等职业教育的宏观政策比较

（一）国家政策呈变化态势

根据文献资料描述，三年制高等职业教育模式一直是我国高等职业教育的主流学制。五年制高等职业教育启动于 1985 年试办的"五年制技术专科"，教育年鉴记载起始于 1994 年 9 月国家教委下发的《关于在成都航空工业学校等 10 所中等专业学校试办五年制高等职业教育班的通知》。随着社会经济的发展对高素质、高技能型人才的需求日趋迫切，五年制高等职业教育的规模日渐扩大。

2001 年 8 月，教育部决定将五年制高等职业教育的综合管理职能转划给职业教育与成人教育司，自此，我国五年制高等职业教育进入发展的春天。2002 年 3 月，教育部下发《几点意见》，2002 年 8 月，国务院颁布《国务院关于大力推进职业教育改革与发展的决定》（国发〔2002〕16 号），提出要"适度发展初中后五年制高等职业教育"，使得五年制高等职业院校规模以及在校人数得到迅猛增长。至 2002 年全国业已在 355 所独立设置的高等职业院校举办五年制高等职业教育，在校生超过 25 万人。与此同时，五年制高等职业教育的发展进入了历史上最为繁荣的时期，几乎可与三年制高等职业教育媲美。随后由于生源缩减、办学水平呈现高低不齐态势等系列原因，国家开始调整五年制高等职业教育的规模，清理出一批不合格的办学单位。由此，我国的五年制高等职业院校由规模型发展转变为集约型发展，业已成为我国高等职业教育体系中一支举足轻重的队伍。

（二）办学主体有明确限定

在我国，三年制高等职业教育的办学主体主要为独立设立的职业技术学院。《几点意见》明确指出："发展五年制高职应以坚持独立设置的职业技术学院为办学主体。"同时，又延伸出两条途径：一是"改办"，即某些地区可"把符合

条件的重点中等职业学校改办成以举办五年制为主的职业技术学院"；二是"利用"，即"独立设置的职业技术学院及有关高等学校也可以根据社会对五年制高职人才的需求，在自身条件满足不了办学需求的情况下，可利用优质的中等职业教育资源进行五年制高职前三年的教育教学工作，但后两年高职教育阶段必须在高等学校举办"。

（三）所需经费及开支渠道从分到合，专款专用

在我国五年制高等职业院校试办初期，学校的办学经费都按照"前中职后高职"的规律，按规定拨付，由学校统筹安排。进入规范发展时期以来，五年制高等职业院校开始实行统一的经费拨付标准。《几点意见》规定："各地教育行政部门要把五年制高职纳入当地高等教育总体发展规划统筹考虑，在高等教育经费中统筹安排办学经费，按照高等专科学校生均经费标准拨付经费。"这才将五年制高等职业教育与三年制高等职业教育的办学经费统一列入高等学校教育事业计划。中央及地方财政、计划部门同样地对其拨付高教事业费和基本建设投资。考虑到五年制高等职业教育耗资更多的特殊性，文件还对行业与学校分别做出了规定，"各地和行业主管部门应当为五年制高职发展安排一定专项资金，主要用于资助五年制高职的专业建设、实践基地建设、课程和教材建设以及师资培训工作，以保证五年制高职的健康发展，办出特色"，"各举办学校也要通过多种渠道积极筹措办学经费，加强教学基本建设，充分利用社会教育资源、行业现有资源，提高教育教学质量"，希望五年制高职能通过多渠道解决办学资金的问题。

二、五年制高等职业教育与三年制高等职业教育的中观建设比较

（一）培养目标非常相似

五年制高等职业教育与三年制高等职业教育都坚持高等职业教育的培养目标，即"培养拥护党的基本路线，适应生产、建设、管理、服务第一线需要的，德、智、体、美等方面全面发展的高等技术应用型专门人才"。因此，同属于高等职业教育的五年制、三年制高职在培养目标上是一致的。这也从根本上决定了五年制、三年制高等职业教育具有某种天然联系，在办学理念、教学总体指导方法等方面具有很多相似性。

（二）培养模式略有区别

五年制高等职业院校与三年制高等职业技术学院都非常重视实践教学环节，重视行业、企业参与学校的教学活动，着重培养学生的实践能力。但相比较而言，五年制高等职业院校推进实践教学的必要性和现实性更大。教育部文件曾明确指出，要加强五年制高等职业教育的实践教学，在五年学习期限内，实践教学应占有较大的比重，贯穿于人才培养工作的始终。这是由于五年制高等职

业院校面向应届初中毕业生招生,学生年龄偏小,抽象思维尚未最终形成,但行动思维却非常活跃,他们需要特别的反复锤炼,更易于接受行为教学法。三年制高等职业技术学院面向应届高中毕业生招生,学生身心发展较为成熟,善于进行理性抽象思维,由于学制少了两年,在同样注重实践教学的前提下三年制高等职业教育很难实现相同课时量的实践环节的教学。

(三)专业设置各有侧重

五年制高等职业院校与三年制高等职业技术学院专业设置最基本的原则是相同的。《关于全面提高高等职业教育教学质量的若干意见》(教高〔2016〕16号)指出:"高等职业院校要及时跟踪市场需求的变化,主动适应区域、行业经济和社会发展的需要,根据学校的办学条件,有针对性地调整和设置专业。"强调高等职业教育的专业设置应针对地区、行业经济和社会发展的需要。然而,一类是面向应届初中毕业生进行的长达五年的专业教育,另一类是面向应届高中毕业生开展的为期三年的专业培养,专业设置不应该如出一辙。市场效率原则也不允许将能在三年办好的专业延长至五年,因此要求五年制高等职业教育更偏重于强调专业的特征。《几点意见》明确提出:"五年制高职的专业设置应定位在一些特殊行业的相关专业,注意设置专业能力培养要求年龄小、专业技能的掌握要求反复训练、培养时间较长、复合性教学内容多的专业。"因此,五年制高等职业教育的专业设置所对应的行业范围比三年制高等职业教育的小得多。

三、五年制高等职业教育与三年制高等职业教育的微观管理比较

(一)在教学管理与课程实施上区别较大

培育高技术型人才的最短年限为初中毕业后深造五年,其中学习专业技术课的课时量不少于三学年;或为高中毕业后深造三年,其中学习专业技术课的课时量不少于两学年。以五年制高等职业教育的某一专业为例,在其教学计划中,文化课课时量大约为 $1.6 \sim 1.9$ 学年,专业技术课课时量为 $3.1 \sim 3.4$ 学年,专业技术课中还有 1 学年的专业实习学时。三年制高等职业教育教学计划中安排了 1 学年的文化课程,两学年的专业技术课程中亦要包括近 1 学年的专业实习,因此专业技术课课时量就显得较为紧张。

(二)在学籍管理与学生管理上差异显著

五年制高等职业教育在试点早期实行"二三分段"。国家教委《关于同意试办三所五年制技术专科学校的通知》(教计字〔1985〕83 号)规定,招生时以中专名义招收初中毕业生。学生入学后,前两年只具有中专学籍。两年期满后,学校在全校按学习成绩及学生志愿,择优选拔一部分学生升入专科。学习三年,期满后,经考试合格者,获得专科毕业证书,享受大学专科毕业生待遇。

《几点意见》出台后，五年制高等职业教育开始实行"三二分段"："前三年按照中等职业教育的管理办法进行管理，后两年纳入高等教育管理范畴"，即由于五年制高职学生前三年属于中专学段，后两年属于大专学段。但不管是"二三分段"还是"三二分段"，由于五年制高职学生的学籍一直是分学段、有区别的，但是三年制高职学生的学籍则一直都为大专学籍。在学生管理工作方面，由于五年制高等职业院校的在校生刚刚初中毕业，年龄偏低，心理尚未成熟，自控能力偏弱，学校对他们适宜采用分学段管理模式，不可在其刚进入校园时就进行较为自由式的管理，这与三年制高等职业技术学院的学生管理有着显著的区别。

（三）在收缴学费上有明显不同

由于对学生进行学籍的分学段管理，五年制高等职业教育的学费同样实行分学段收费制度，即前三年按中职收费标准收缴，后两年则按高职收费标准收缴。而三年制高等职业教育则不存在以上分学段的情况，学费一直按高职收费标准收缴。

第二章

我国五年制高职学生特点分析

第一节 五年制高职学生思想发展现状分析

当下，五年制高职学生主体是"00后"青少年，其思想既深受中国传统文化的影响，又受到当今社会多元文化和各种新思潮的浸染。国际局势的风云突变、国家政治经济体制的变革、社会文化的碰撞、观念的革新、结构的转型、氛围的转化，是学生个体的思想道德观念形成、发展的现实社会真实环境。在当前社会环境中成长起来的青少年，其思想观念与"80后""90后"相比较而言存在着非常大的差异。因此，我们需要充分了解、深入分析当下五年制高职学生的思想特征及道德现状，对学生的优缺点进行准确的判断，主动去适应社会主义核心价值观等新时代社会的积极健康的主流道德价值观念，变革传统的思想品德教育模式。这对适应当前多元化世界环境具有非常重要的意义。

一、五年制高职学生的思想特点现状

目前绝大多数五年制高职学生的情绪还是相对稳定的，他们有积极奋进的精神、较强的求知欲望，对学习充满兴趣，人际关系处理得也较和谐。这是由于大部分五年制高职学生来自农村，从小受较差的家庭生活条件的影响，具有较强的独立自主意识和生活自理能力。与城镇学生相比，他们有更为明确的学习目标和更为端正的学习态度，希望通过五年的系统学习掌握一门专业技能，为将来的就业打好基础。五年制高等职业院校非常重视对学生综合素质的全面培养，提倡"学会做人，学会生活，学会学习，学会工作"的学习方式，提出"合格＋特长"的培养目标。新生刚入学时，没有初中特别是初三时期紧张、繁重的学习任务，学习的负担和压力得到了极大的缓解，这有利于学校调动学生学习的积极性，开展素质教育。但也有不少学生时常感到空虚、焦虑甚至抑郁，无法融入新的学习生活环境、开启新的学习生活模式，无所适从，甚至抽烟酗酒、打架斗殴、沉溺网游等。这需要施教者进行深入的调查和剖析。

通过对五年制高职学生进行深入的调查和分析可知，当下学生的状况主要

表现为如下三个方面的特征：首先，学生入学年龄小。他们在五年期间将从未成年人成长为成年人，这是人的身心发展逐步走向成熟的重要时期。学生生理上最明显的变化就是身体发育和性成熟。在心理发展方面，他们的自我独立意识不断增强，情绪体验强烈，两极变化尤其突出。在情感方面，他们出现了文饰、内隐和曲折等特点，产生了强烈的"成人"自尊感，而这种感受使他们要求摆脱父母以及其他长辈的束缚管教的意愿变得极其强烈。所以，当其意识到有某种因素伤害其自尊心时，就会产生强烈的焦虑、不安甚至恐慌情绪。其次，学生远离家庭。因为大多数学生家庭住址离学校较远，因此他们选择在校住宿。在初中学段，家长为了他们能顺利升学，往往会包办所有家务，并要求他们集中所有精力在学习应考上，但当他们进入高职后，面对的是新的学习生活环境，他们需要在思想、学习、生活以及人际交往方面进行全方位的适应调整和革新转变。在五年深造期间，学生的学习、生活主要依赖自我监督。由于缺乏家长的监管，他们很容易产生孤独自卑感，这会影响正常的学习生活以及人际交往。再次，受社会大环境变化的影响。随着中国特色社会主义市场经济改革进入深水区，在日趋复杂的社会大环境下，各种思想观念互相碰撞，学生受到多种社会思潮的影响。近几年生源总数的降低导致五年制高等职业院校的入学门槛不断降低，学生生源素质水平逐年下降，学生在身心健康、品质素养等方面的问题日益严峻。目前五年制高职学生的思想素质、道德素养整体状况堪忧，德育实效性缺乏，这已成为当下五年制高等职业教育所面临的一个重大的现实课题。

二、五年制高职学生与三年制高职学生的比较

（一）五年制高职学生与三年制高职学生相比的优势

作为我国高等教育的重要组成部分，五年制高等职业教育与三年制高等职业教育之间存在着较多的差异。就其学生而言，五年制高职学生比三年制高职学生有如下三大优势：首先，学制方面的优势。五年制高等职业教育的学制比三年制高等职业教育的学制多两年。由于学制较长，学校能够在长达五年的人才培养工作时间内，根据社会环境的变化和发展的需要，基于学生的个性特征，来整体设计人才培养方案，进行统筹安排，并围绕培养学生职业技能素养这一中心目标不断调整和改进人才培养工作的各个环节及其形式。学生在长达五年的时间内可以接收到专业的、系统的职业技术教育，可掌握更扎实的专业基础理论知识和专业技能。其次，学生年龄方面的优势。五年制高等职业院校生源为应届初中毕业生，他们处于学习的黄金时期，年龄小、记忆力强，在入学一开始就获得系统的专业理论及专业技能的教育，具有良好的职业道德意识和职业素养。再次，学习效益方面的优势。相对于三年制高职学生所经历的"三年高中""三年大学"的培养模式而言，五年制高职学生学习的总时间减少了一

年，节约了为高考而付出的大量复习时间和精力，却在专业学习上整整多了两年。五年制高等职业教育将传统的中等职业教育和高等职业教育进行无缝对接，有效整合，规避了高中与大学两个学段之间教学的重复和偏差，发挥了"有效教学时数"的优势，大大提高了教育的实际效益。

（二）五年制高职学生与三年制高职学生相比所存在的不足

五年制高职学生入校深造后，实现了由初中生到高职生的角色转变。学校应充分了解学生在校学习期间的心理活动的特征及规律，正确看待其与三年制高职学生的差距。这对于提高五年制高职学生的学习水平以及道德品质具有极其重要的作用。

五年制高职学生与三年制高职学生相比，在如下四个方面存在着明显差距：

首先，对学习的专业性认识的差距。五年制高等职业院校的教学活动与普通高等院校一样，是一种以掌握专业知识和技能为目的的教育活动，紧紧围绕着如何培养学生成为高技能人才而开展，这是和初中阶段教学活动最为明显的不同之处。初中阶段作为基础教育学段，尚未进行专业区分，其教学按年级划分。各年级开设的课程基本相同，仅在内容深度、要求掌握的程度上有差异。大学则不同。大学作为专业教育阶段，教学单位首先是根据专业来划分的。各专业在其课程设置、教学内容、计划安排以及培养方式方面都有明显的差异。学生只要做出了专业选择，确定了主修领域，就必须对所选专业的基础理论知识进行深入学习，牢固地掌握并灵活运用专业知识，以达到人才培养目标的要求。不过，确定所学专业并不等于将学习单一化，更不是说学习内容必须局限于某一专业学科。各个学科之间是相互交叉渗透和有机联系在一起的。所以，大学生必须在学"专"、学"精"本专业知识的同时，努力做到"广"和"博"，广泛涉猎多个专业领域，这样才能真正扩大知识面，实现"一专多能"，构建最为合理的知识结构，更好地适应社会需要。然而，这对于刚完成初中学业的五年制高职学生来说是比较困难的，他们不仅尚未构建完整的知识结构，认知能力也不强，对学习的专业性认识也存在不足。

其次，对学习的自主性认识的差距。五年制高职学生的学习过程虽然同样是依照教师的要求来进行的，然而与初中生有着本质区别。他们不像初中生那样将大多数时间用于被动地完成教师布置的作业，而是拥有相当强的自主性。教师课堂教学的特点是"少而精"，这势必要求学生在课余通过自主学习去了解、掌握更多知识。不仅如此，因为学生可以自主支配的时间比较多，并且在课堂教授外，任课教师和班主任一般不会对学生的自我学习内容和学习方法提出过于具体的要求，因此学生完全能够依据自身需求和兴趣特点自主安排学习计划和内容，自由选择学习场所和方式。并且目前学校推行学分制，学生便能够拥有更多的选学机会。由于教师督学减少了，学生须有更强的自觉性、主动性和较强的规划能力,合理安排学习时间,不然便会虚度光阴。

再次,对学习的多元性认识的差距。学习自然不能脱离课堂,课堂教学依旧是五年制高职学生的一种主要学习途径。除传统的课堂教学外,学生还可通过多种途径和形式开展学习。例如,参加一些专题讨论、查阅文献资料、参观考察、进行社会调查等。各种丰富多彩的教学和教辅活动为拓宽学生的知识面提供了良好的保障。

最后,对学习的创新性认识的差距。五年制高职学生创新能力普遍较低。其在校期间,通常只是单纯地为了完成学业,并未对自己将来的职业发展进行过系统性的规划,更谈不上创新了。

第二节　五年制高职学生身心特点分析

一、五年制高职学生身心特点分析

五年制高等职业院校的招生对象为应届初中毕业生,他们具有如下身心特点:

(一)学生年龄普遍较小,家庭依赖性强

五年制高职学生入学年龄偏小,一般在十五六岁,自我管理、自我教育、自我约束等方面的能力较弱。不少学生平常吃不了苦,受不起"罪",只管享受,不思进取,集体观念淡薄,对家庭有较强的依赖性。

(二)文化基础知识薄弱,学习目的不明确

五年制高职学生学习成绩非常不稳定、波动性极大,偏科情况很普遍。这是由于他们在初中阶段未能养成良好的学习习惯。当这些学生进入高等职业教育阶段,会不适应高一层次的教学要求,容易产生厌学情绪,失去学习目标及信心。他们入学后,对自己所学专业的前景、内容、特点以及未来的就业形势不甚了解,对学习专业课及其基础课的必要性认识不足,上课不认真听讲,不按时完成作业,迟到、早退、旷课、上网打游戏等现象时有发生。学习目标不明确,学习动力不足,业已成为五年制高职学生的普遍问题。

(三)基本道德修养欠缺,行为习惯养成较差

五年制高职学生正处于青春叛逆期中期。他们中的很多人在初中时就得不到老师、同学们的肯定,在校期间玩世不恭,得过且过,言行放纵。不少学生道德下滑,不辨是非,不懂得自我保护;也有一些学生不懂礼貌,不会尊重他人,言行随意粗鲁;还有部分学生三观错位,经不起外界诱惑,对错误观念、不良现象抵制能力弱;更有少数学生着奇装异服、抽烟酗酒、交友不慎、打架斗殴、爱用暴力解决矛盾等。

（四）心智发育不成熟，心理缺陷比较突出

五年制高职学生尚处在未成年人阶段，社会阅历不足，心智发育尚未健全，心理缺陷相对突出。一些学生身处于特殊的成长环境之中，如从小父母离异，家庭经济拮据。这类学生与身处正常生活环境中的孩子比较，往往带有某种程度、某些方面的缺陷。也有不少学生从小受到父母的溺爱，以自我为中心，难以适应新的环境，心理脆弱，经受不起一点挫折。一些学生逆反心理强烈，学校管理越严，他们越不服从。更有很多学生学习困难，常常由于方向迷失、前途迷茫而苦闷、烦躁、焦虑，存在程度不同的心理问题，严重影响其身心健康和正常学习。面对以上种种现象，不少学生未能找到正确的解决之道，往往采用消极、得过且过的方式来应付。

虽然五年制高职学生存在诸多问题，给教育工作增添了不小的难度，但也应该看到这些学生的长处，如可塑性大，求知欲强，容易接受新事物，除学习外参加各级各类课余活动的积极性高，等等。从总体上来讲，他们身上优劣互见，瑕瑜并存，闪光的品质和顽劣的习气交错显现，纯朴的性格和脆弱的心态纠结混杂。

二、加强五年制高职学生管理工作的建议

五年制高等职业院校的办学模式既不同于高中后的三年制高等职业技术学院的办学模式，也有别于中等职业学校的办学模式。五年制高职学生特点决定了五年制高等职业教育的学生管理具有一定的特殊性。正确认识和把握五年制高职学生的身心特征，积极探索，大胆创新，是做好五年制高等职业教育学生管理工作的基本前提。办好五年制高等职业教育，除了须在专业建设、校企合作、课程改革方面进行深入探索外，还须对五年制高等职业院校的学生管理工作进行专题研讨，并采取相应措施。

（一）构建全方位的育人格局

五年制高等职业院校要创新学生管理工作体制、机制，构建学生管理工作的大格局。这种大格局，要根据党的教育方针，根据五年制高等职业院校学生管理工作的根本任务，根据学生的现状和特点而构建。全方位育人的大格局，既包括全员育人、全境育人、全程育人、全方位育人的"四全育人"，也包括管理育人、教书育人、服务育人、环境育人、活动育人，体现学校全时间、全空间、全领域、全员性开展学生教育与管理工作的大框架，坚持"育人为本，德育为先"的理念。学校教育管理人员、一线教师、后勤服务人员都应参与学生教育管理工作，消除学生管理工作的盲区，清理学生教育管理工作的死角。这样才能适应五年制高等职业院校学生管理工作的实际需求，从根本上解决学生教育管理工作任务重与少数职能部门人员从事学生管理工作所导致的教育力

度不足的根本矛盾。

（二）形成立体的监督和管理体系

五年制高职学生年龄偏小，纪律性较差，自制力不强，因此制定适合五年制高职学生特点的立体监督和管理体系是一项基础性工作。五年制高等职业院校要注重细节的全方位管理和长效管理，从规范学生的言行举止做起，着力培养其优良的道德品质和正确的思想、言行。

1. 要制定适合五年制高职学生特点的考核标准体系

这个体系中既要包含个人标准、班级标准，又要体现系部标准。其标准必须涵盖学生早操、早晚自习、考勤、个人卫生、集体劳动、上网规范、课余言行等日常行为规范要求。

2. 要形成公正、客观的考核评价方式

除了班主任、任课教师外，还要积极听取学生干部、值班教师、宿管人员、行政干部等对学生的评价意见，公正、客观地评价各班级学生早操、早晚自习出勤、星级教室与宿舍的创建以及课余活动的开展等情况。

3. 建立动态考核反馈机制

学校应把考核结果及时反馈至系部、班级和个人三个层面，并促使其积极地整改。唯有通过自觉主动的整改，才能真正发挥考评机制的纠错与引导功能。

4. 抓好管理的长效机制

常规管理贵在持之以恒，"勉强成习惯，习惯成自然"。学校要抓好学生管理工作，促进良好学风、校风的养成。

5. 坚持突出重点、专注关键

学校要抓好关键时段、关键场所、关键项目、关键班级和重点学生的教育管理。只有抓准了关键环节，才能抓住重点，产生事半功倍的教育效果。

（三）开展系统化的主题教育

五年制高职学生，正处青春期，可塑性强。教育工作者们必须坚持正面引导原则，基于学校中心工作，充分利用国家重要节庆活动等契机，并根据学生所处的不同年级、不同阶段，开展各类主题教育活动，综合运用教育感化、环境熏染等教育手段。开展的各项主题教育活动要突出重点，设计科学，循序渐进，交错展开，相互渗透，形成合力，以提升参与度，增强感化力、操作性和实效性。系统化的主题教育可以分成三类：一是思想政治类。例如，新时代中国特色社会主义理论教育，"不忘初心，牢记使命"主题教育，社会主义核心价值观教育，社会主义法制教育，等等。二是人生励志类。例如，理想信念教育，传统励志教育，身边榜样教育，成功人生教育，等等。三是职业意识教育类。例如，职业规划教育，职业道德教育，职业素养教育，就业创业教育，等等。总之，各类主题教育活动要相互渗透、相互作用，以充分体现主题教育活

动的系统化、深层次的整体教育效果。

（四）建设高品位的校园文化

人创造了文化，文化也在塑造着人。文化的作用就是给予人精神的力量。优秀的校园文化能对学生起到耳濡目染、潜移默化的教育作用，是引导行为、陶冶情操、升华思想的精神力量。五年制高等职业院校要加强校园文化建设，融合职业性与文化性，做到软、硬件统一，充分发扬文化独有的渗透性、引导性、情景性、暗示性、愉悦性等作用；必须同步、协调推进学校精神文化、制度文化、行为文化、活动文化和物质文化的建设。要以提炼校训、校风、教风、学风、办学理念、工作方针等为重点，推动校园精神文化的建设；要以完善学校规章体系、组织架构、运行机制和行事方式等为重点，推动校园制度文化的建设；要以规范师生的行为习惯、言谈举止、仪容风范、行事作风等为主要重点，推动校园行为文化的建设；要以打造仪式活动、节庆活动、主题教育活动等为重点，推动校园活动文化的建设；要以优化学校的建筑、布局、绿化、景点、环境布置等为重点，推动校园物质文化的建设。校园文化建设要坚持树精品、重实效，全力打造职业生涯文化、礼仪文化和节庆活动文化三大文化载体活动，注重校园文化的参与性、渗透性、互动性和导向性，让学生时时与主流思想对话，处处与高雅文化同行。

（五）深化教育教学改革

五年制高职学生的文化基础相对比较薄弱，学习主动性不强，学习困难比较大。只有让学生学有所获、学有所成，才能从根本上解决当下德育面临的主要问题。学校必须以深化教育教学改革为重点，以创新教学管理模式为抓手，加强教学常规管理，帮助大部分学生重树学习的目标、信心和勇气。一线教师要深入研究学生的身心特点，基于学生素质以及个性特征，确立有较强针对性的教学目标，选择恰当的教学内容，结合科学的教学方法，因材施教，加强实践环节的教学，增强学生的动手能力和操作技能，同时还要改革考评模式，鼓励学生学有所长。总之，要通过深化教学改革，改变当前学生的学习状态，促进学生的学业进步。

（六）培育高素质的学工队伍

1. 加强学工干部队伍的建设

五年制高等职业院校要依照党中央的要求，配备院系两级开展学生教育管理工作的干部队伍，重视对学工干部的培养和使用，关心其成长和发展，通过考勤、考绩、定岗、定责、定奖，强化考核工作，努力打造一支政治坚定、作风硬朗、才干优良、学生敬爱的学生教育管理队伍。

2. 加强班主任和辅导员队伍的建设

五年制高等职业院校要明确班主任和辅导员的工作任务、职责和待遇，加强对班主任和辅导员的培训力度,健全班主任和辅导员的激励机制,完善班主任和辅导员的考核机制,增强班主任和辅导员的敬业精神,提升班主任和辅导员的工作水平。

3. 加强学生干部队伍自身的建设

五年制高等职业院校要重视对学生干部、学生党员、学生先进分子等优秀群体的建设,举办各类培训班、训练营,努力培养学生干部的思想政治素质和工作能力,重点提升其活动组织水平,发挥他们在自我教育、自我服务、自我管理、自主学习、自我发展教育中的特殊作用。

第三节 五年制高职学生综合素质现状分析

一、五年制高职学生综合素质现状

素质的概念有广义的和狭义的之分。狭义的素质概念是指人或事物在某些方面所具备的特点以及原有基础,从心理学角度上解释,是指人的先天的解剖生理特征,主要是感觉器官和神经系统方面的特征,是人心理发展的生理条件,然而无法决定人的心理内容和发展水平。广义的素质概念是一个综合性概念,是指一个人在智力、个人能力及道德修养等方面的整体表现,包括智育素质、德育素质、身心素质以及能力素质四个方面。

自2008年以来,党中央、国务院十分重视大学生的素质教育,先后颁布的《中国教育改革和发展纲要》(国发〔1994〕39号)、《国家中长期教育改革和发展规划纲要(2010—2020年)》(中发〔2010〕12号,以下简称《纲要》)等文件中都提出并强调了培养全面发展的高素质人才的重要性。《纲要》提出,"坚持以人为本、推进素质教育是教育改革发展的战略主题",全面提高学生的思想道德素质,是贯彻落实党的教育方针、弘扬社会主义核心价值观的需要,是提升劳动者整体素质、提高教育教学质量的需要。五年制高职的学生素质教育,是指全面贯彻党的教育方针,以全面提高学生的综合素质为宗旨,以培养学生的社会主义核心价值观、良好的职业道德、熟练的职业技能和创新精神为重点,造就"有理想、有道德、有文化、有纪律"的德、智、体、美、劳全面发展的社会主义事业建设者和接班人的德育活动。

调查表明,一部分五年制高职学生在综合素质方面都存在着缺失,主要表现在以下几个方面:

(一)思想道德素质方面

思想道德素质是个人综合素养的灵魂,直接决定着一个人的人生观、价值观和世界观。

1. 道德法制观念淡薄

经历了九年制义务教育学段的五年制高职学生具备了法律与道德的基础知识，然而对部分学生来说，这些知识尚未内化为自我意识、外化为自觉言行，因此，少数学生会出现诸如打架斗殴、抽烟酗酒、聚赌行窃、敲诈勒索、夜不归宿、破坏公物等违法乱纪的情况。

2. 诚信缺失

诚信作为当代公民个人的基本道德素质要求，决定了人们在社会生活中能取信于他人。部分五年制高职学生存在诚信问题，诸如形形色色的校园舞弊（打小抄、找枪手、高科技作弊、网络舞弊）等，学生上课迟到、早退、旷课、上课睡觉、玩游戏、看手机、谈恋爱等，极少部分学生甚至有偷盗财物、毁坏公物等行为。这些现象严重影响着学生的三观发展，也严重影响着学生的诚信。

（二）人文素质方面

1. 情趣品位不高

部分学生缺乏必要的人文素养及实践知识，生活情趣及品位不高；缺乏必备的生活常识；缺乏谦让和包容意识，不能与舍友、同学和睦相处；缺乏集体主义观念和集体荣誉感，将个人利益置于集体利益之上，很难融于集体。

2. 言谈举止低俗

少数学生存在脏话连篇、乱丢垃圾、破坏公物、上课顶撞谩骂老师、迟到早退、随地吐痰等情况。

3. 审美层次较低

部分学生存在盲目跟潮、言行乖张、着奇装异服、不修边幅等情况，不符合学生形象及专业要求。

4. 意志品质薄弱

五年制高职学生大多为独生子女，娇生惯养，养成了铺张浪费的习惯，缺乏勤俭节约的精神。

5. 法制观念淡薄

部分学生人生观、价值观和世界观中融入了较为深刻的金钱概念；同时，他们以前受到的更多的是赏识教育，较少经历挫折，集体主义观念淡薄，因此普遍存在着以自我为中心、过分追求物质享受的现象。当受到金钱的诱惑时，若法制观念淡薄，他们就会采取敲诈勒索、偷盗欺骗、威胁恐吓等手段，以获取不义之财。

6. 文化涵养不深

部分学生钟情于地摊文学，对高雅艺术兴趣索然，对古典文学更一无所知；鲜有学生到图书馆借阅文艺经典图书；对系部开列的必读书目，仅有极少数学生偶尔翻阅一下。这就必然导致他们的语言以及文字表达能力普遍较差。

（三）专业素质方面

专业素质是个人从业的必备素质，包括专业知识和专业技能。五年制高等职业院校尤其重视对学生专业素质的培养。但从每次考核数据来分析，部分学生的专业素质未达标、专业基础知识薄弱、专业技能生疏，这直接影响企业对学校人才培养质量的评价。

（四）心理素质方面

有研究人员对新生入学时的心理健康状况进行了调查。结果显示，五年制高职学生普遍具有不同程度的心理障碍，存在恐惧、焦虑、疑虑、强迫、抑郁和情感危机、学习障碍、适应性差等心理问题；介于正常行为和变态行为之间的异常行为也时有发生，主要表现为自杀、偷窃、失恋伤害、自残、逃课、迷恋网络、考试作弊等。

二、提高五年制高职学生综合素质的建议

培育学生的综合素养，需要综合社会、家庭、学校和学生四方之力。

（一）重视世界观、人生观、价值观的培养

五年制高职学生入学年龄偏小，但可塑性较强。学校应抓住学生由初中生向高职生转变的关键时期，精心编制人才培养方案，将德育融入学生在校学习生活的全过程，加强课堂思政，重点打造第二课堂，以社团活动、志愿者活动、文化艺术节活动及"三下乡"活动为载体，引导学生树立正确的三观（即以社会主义核心价值观为中心的唯物主义世界观、积极健康向上的人生观、"人人为我，我为人人"的价值观）。

（二）加强校园道德文化建设

校园是环境育人的重要载体。优良的校园氛围不仅能为学生提供一个优质的学习生活环境，还有利于学生的身心健康发展。高等职业院校在校园环境建设方面的中心任务有以下几方面：一是构建全员育人的校园氛围。全员育人要求每一位教育工作者都要具备以校为荣的自豪感、教书育人的责任感。学校每一位教职员工都应努力提高个人修养，时刻紧绷"为人师表"这根弦。《学生手册》不仅是学生学习的内容，也是对教师的要求，因为只有教师先以身作则，才有资格要求学生做到，特别是年轻教师在礼仪及劳动等教养方面更需要不断提升。二是提升教师专业素养。专业素养是教师执教的基础。广大教师应努力提高自身的专业技能、执教水平，其中包括理论知识、技术水平、管理能力、终身学习能力等方面，并主动应用于教书育人的实践工作中，为培养优秀的学生、创建优良的校风做出自己应有的贡献。三是重视思想品德教育。第二课堂和社会实践是开展思想品德教育的重要形式。学校和系部应多组织有益于学生身心发展的各类活动，如读书活动、诵读比赛、知识竞赛、手工技能比赛、特

色讲堂、精品图书阅读指导、与专业相结合的青年志愿者活动等，让学生走向社会，将学到的知识运用于社会实践中，切身感受到道德的伟大力量。

（三）加强家校联系，重视家庭教育的影响

家庭是人生的第一所学校，家庭教育对个人的品德修养、性格、智力等方面的发展起着非常关键的作用。良好的家庭环境、和谐的家庭氛围、科学的家教模式有利于学生身心的健康发展。家校合作能促使教育效果的最大化，班主任、任课教师及学校各级领导应常与家长沟通，可以通过电话、微信等方式或个别谈话，及时反馈学生的在校情况，提供科学的教育建议。家校之间应积极沟通，达成共识，共同对学生思想言行进行教育引导、督促检查，及时发现学生在成长过程中出现的问题并指导其纠正偏差，促进学生身心的健康发展。

（四）加强学生的自律性

加强学生的自律性可从如下两方面入手：首先，通过开展各类专题讲座、专题活动、主题班会、职业生涯规划大赛、个人学业规划评比等活动，有目的地引导学生培养自律性。其次，通过班级、学生会和学校德育工作委员会三个层面的监督，在校园里打造浓郁的自我监督的气氛，学生在日常学习生活中不知不觉地提高自己的自律意识。

第三章

五年制高等职业院校德育的现状与特点

第一节 五年制高等职业院校德育概述

一、德育的概念及内涵

目前有关德育概念的相关表述主要有以下四类：

第一种观点认为，德育是施教者依据特定的社会需要，有目的、有计划、有步骤地对受教者施加心理影响，以塑造施教者所期望的人格品质的教育活动。

第二种观点认为，德育是施教者依据特定的社会或阶级需求，有目的、有计划、有步骤地在思想、政治、道德领域对受教者施以影响，并透过受教者的认知体验，塑造其品德修养的教育活动。

第三种观点认为，德育是施教者依据特定的社会或阶级需求，有目的、有计划、有步骤地对受教者施加系统的影响，使受教者将特定的社会思想规范和道德标准要求内化为个体思想品质的教育活动。

第四种观点认为，德育作为道德教育的简化表述，在我国是全部教育体系的重要组成部分。广义的德育涵盖了政治教育（即政治方向和态度的教育）、思想教育（即世界观和方法论的教育）和道德教育（即人的行为准则和道德规范的教育）。狭义的德育仅指道德教育，包括道德认识、道德情感、道德意志、道德行为等方面的教育。

综上所述，德育是施教者依据特定社会或阶级需求，有目的、有计划、有步骤地对受教者进行思想教育、政治教育、法制教育、道德教育和心理教育。

（一）德育特征

深入研究德育特征，准确把握德育规律是开展有效德育工作的必要前提。因此，从受教者的角度来关照，德育具有如下四大特征：

1. 社会性

道德自形成伊始，便要求个体将其生存、发展的全过程融入社会整体或社会统治阶层生存、发展的大需求系统中。社会成员每个人道德观念的形成、思想情感的陶冶、意志品质的锤炼、信念信仰的确立都不能脱离其所处的社会环境。

2. 主体性

道德贯穿于人们主体精神的"自由""自觉"。其存在的意义及其效能的发挥，是以人们主体的"自由""自觉"的生发为前提的。哲学内外因原理告诉我们，外因是透过内因而产生作用的，在外因条件符合的情况下，内因决定着事物的发展。所以，其道德主体性的发挥是道德品质提升最主要的因素。

3. 实践性

学生道德品质的形成和发展是在特定的道德实践活动中实现的。起先，儿童在家庭中仅接触父母及其他亲戚，随后渐及邻居和玩伴，进入校园后又和师生交往互动，逐步进入社会，深入各种社会工作和实践活动中。几乎每个人都是如此与社会接触和互动，接受着来自家庭、学校和社会等各方面的影响，逐步构建起自身的思想价值以及行为习惯标准。

4. 发展性

人的认知过程是一个由简至繁、从低到高的"认识，实践，再认识，再实践"螺旋上升的过程。因此，德育也要符合潜移默化和循序渐进的规律，引导受教者不断确立自身的价值标准，并进行自我判断、自我约束和自觉实践。学校德育具备多样化的特点，即目标多样化、内容多样化、渠道多样化和方法多样化。要实现多样化的统一，就需要科学的、完整的规划。德育还具备渗透性的特点，不仅要求施教者用科学的系统理论进行灌输式教学，还要求施教者开展情感互动、环境引导、氛围熏染等渗透式教育。德育还具备持续提升学生品质、挖掘学生潜能的功效。这种开发性决定了德育必须与时俱进，富有教育创新作为。

（二）德育目标

德育目标是指施教者通过开展德育活动，促进受教者品德发展、素养提升，使之符合施教者的总体预期目标，也就是开展德育活动所要达到的目标。德育目标是开展德育工作的出发点，不仅规定了德育的内容、形式和方法，而且决定着德育工作的总体过程。制定德育目标的主要依据是：时代与社会发展的需要，国家的教育方针和教育目的，民族文化及道德传统，受教者思想品德形成、发展的规律及心理特征。1988 年，《中共中央关于改革和加强中小学德育工作的通知》（中发〔1988〕14 号）提出了我国中小学的德育目标："把全体学生培养成为爱国的具有社会公德、文明行为习惯的遵纪守法的好公民。在这个基础上，引导他们逐步确立科学的人生观、世界观，并不断提高社会主义思想觉悟，使他们中的优秀分子将来能够成长为坚定的共产主义者。"

（三）德育方法

德育方法即施教者为达德育目标，在开展德育过程中所采取的教育形式的总和，囊括了施教者的传道授教方式以及受教者的受道习养形式。决定德育方法的因素有多个层面，包括但不限于社会生产力水平、科技文化发展水平、学生品质发展规律以及特定年龄学段学生个体差异等。在德育教育实践工作中，施教者经常依据德育科学原理、目标原则及要求、德育具体内容和对象实际来择取德育方法。

下述为常见的六种德育方法。

1. 说理教育法

说理教育法即通过言传讲理，促使受教者明理知道、明辨是非，从而提升其思想品德的方法。这是一种主张采用正面教育引导，以增强受教者辨别是非的能力，促进其道德品质提升的传统方法。说理形式丰富多样。施教者可采用具体形象、富有启发性和说服力的讲授和报告，主题鲜明、民主平等、诚恳热烈的谈话与讨论，或通过经典导读来培养学生的独立思考能力。

2. 榜样引领法

榜样引领法即用身边榜样的示范效应来感动受教者思想、情感和行为的方法的总称。基于榜样具备将社会道德思想、政治法律关系展现得更为典型直观、真实亲切等特点，正确使用榜样引领法能给予受教者精神世界的感动、激励和鼓舞。榜样引领法符合青少年学生热爱学习、善于效仿、崇拜英雄、追求进步等年龄特征，亦符合认识由直观到抽象的发展规律。

3. 陶冶教育法

陶冶教育法即施教者利用现实环境甚至自身的教育优势，对受教者进行言传身教、潜移默化的熏染，使其在耳濡目染中受到感化的方法。

4. 实际锻炼法

实际锻炼法即让受教者通过参加各种实践活动，磨炼意志，增强能力，培养良好的思想品质以及行为习惯的方法。训练的方式包括但不限于学习活动、社会活动、生产活动和科技活动。

5. 品德修养法

品德修养法即施教者通过指导受教者自觉主动地开展学习、自我反省，实现思想转化及行为控制的方法。品德修养的基础是确立自我意识、提升自我评价水平，表现为人的自觉能动性。运用此法能增强受教者的主体意识和自我修养能力，调动其自觉主动地接受教育的积极性，增强其抵制不良风气的能力，推动学校德育工作的开展以及学校德育目标的实现。

6. 品德评价法

品德评价法即通过对受教者的思想品德进行科学的评价，促使其思想品质健康发展的方法，包括但不限于奖惩、赏罚、评选等。

（四）德育途径

德育途径是开展德育工作的方法和渠道。当前我国学校实施的德育途径主要有以下六条：

（1）作为学校教育活动最基本组织形式的课程教学，亦是学校德育最为有效的形式。它主要是通过教授理论知识来得以实现的。各学科的教材里都涵盖着丰富的德育内容。施教者只有充分挖掘教材中与生俱来的德育元素，实现课堂思政，才能在传授各科理论知识的同时，使学生受到科学精神、社会人文精神的熏陶，形成良好的品德。

（2）共青团、社团、学生会组织的各类第二课堂活动。学校共青团、社团、学生会作为学生自己的组织，其组织开展的各种第二课堂活动有利于发挥学生的主体作用，充分调动其积极性和主动性，提升其自我教育和自我管理水平。

（3）课外、校外活动。课外活动是学校在课堂教学任务之外，利用课余时间对学生实施的各种有意义的教育活动。校外活动是由学校以外的教育机关组织和领导的学生课余教育活动。课外和校外活动是整个教育体系中的一个组成部分，是进行全面发展教育的一个重要途径，也是学校实施德育的一个重要途径。

（4）社会实践活动。依据德育目标需求，组织学生积极参与丰富多彩的社会实践活动，是学校德育的重要途径。这种途径包括但不限于组织开展劳动实践、勤工俭学实践、社会政治实践等。

（5）校会、周会、晨会以及时事政策学习。校会、周会和晨会是学校对学生进行思想品德教育的常见形式。校会是学校举办的全校性师生集会，是对全体学生进行集体教育的有效途径。周会每周举行一次，主要用来对学生进行社会主义道德教育和时事政策教育。晨会时间短，可以每天进行，主要用于结合实际情况进行实时教育。

（6）班主任工作。班主任的基本任务是带班教学，对学生进行思想品德教育。要做好学生德育工作，班主任必须全面深入地了解、研究学生，尊重、信任学生，并争取其他任课教师、团队组织、社会有关方面和学生家长的配合，共同对学生进行教育。班主任尤其要悉心培养、构建健全的班集体，并利用班集体这一载体对学生开展德育，将集体教育和个别教育有机融合到位。

二、五年制高等职业院校德育的含义及发展

"五年制高等职业教育是指招收初中毕业生，实行五年一贯制的高等职业教育，是我国高等职业教育的重要形式。"国际上通行的专科教育学制有初中后五

年一贯学制、高中后三年学制及高中后两年学制三种形式。五年一贯制专科起源于欧洲,是普高和专科教育相结合的一贯学制,至今已有100多年历史;三年制专科兴起于北美洲,被称为美洲模式;两年制专科也始于欧洲,虽近50年来在北美洲用于高职教育(社区学院),但仍被称为欧洲模式。20世纪中叶,伴随着日本经济的飞速发展,日本成立了初中后五年制高等专门学校,该校与1949年产生的短期大学形成了日本高职教育的骨干力量。我国的五年制高等职业技术教育也有很长的发展历史,二十世纪四五十年代的苏南工专便属于我国五年制专科层次的高职教育。我国五年制高等职业教育正式起步于1984年。教育部在《关于高等工程教育层次、规格和学习年限调整改革问题的几点意见》(教高二字〔1984〕10号)中明确了五年制的高等专科学制。1985年,国家教委印发了《关于同意试办三所五年制技术专科学校的通知》。1994年10月和1996年6月先后两次批准18所重点中专及邢台职业技术学院等共22所试点学(院)校开办五年制高等职业教育,共开设66个专业。2000年5月,教育部高教司在《关于加强五年制高等职业教育管理工作的通知》(教高司〔2000〕34号)中,对五年制高等职业教育正式做了界定,并对其培养目标做了明确的规定:"五年制高等职业教育是我国高等职业教育的组成部分,招收初中毕业生,学制五年。培养拥护党的基本路线,适应生产、建设、管理、服务第一线需要的,德、智、体、美等方面全面发展的高等技术应用型专门人才。学生应在具有必备的基础理论和专门知识的基础上,重点掌握从事本专业领域实际工作的基本能力和职业技能,具有良好的职业道德和敬业精神。"至此,五年制高等职业教育终于有了名正言顺的发展环境。

三、五年制高等职业院校德育的特点

五年制高等职业教育自1985年恢复发展至今,业已成为我国高等职业教育的一个重要形式。它既不同于普通高等教育,亦有别于中等职业教育。五年制高职学生正处于青春期。这段时期是立志、学业、逐步形成人生观和世界观的关键时期,是由未成年人向成年人转变的重要时期。社会化和个性化的同步发展有利于学生系统地接受专业教育。然而,由于思想尚未成熟,对事物的鉴别能力和审美水平比较薄弱,学生的性格和行为主要表现为:首先,独立意识增强,但道德自律意识有待提高。调查发现,当下五年制高职学生的独立意识明显增强。他们多为独生子女,关注自我,崇尚独立,在价值观、道德观方面深受社会环境的影响,并随着潮流在不断改变,思想意识也在不断更新,同时也不可避免地受到消极因素的影响,如部分学生受到金钱至上、享乐主义、读书无用等错误思潮的影响,偏离了健康成长的道路,思想意识败坏,行为习惯堕落等。其次,开放意识和参与意识增强,但认知不成熟。学生在认识上容易产

生片面性,看问题易偏激,喜欢钻牛角尖。再次,学业压力大、负担重,但相比成年人来说,头脑活跃,对新鲜事物的接受能力强,好奇心较强。这种好奇心能形成一种特殊的心理需要,可以转化为学习动机,诱发学习兴趣,促使和推动学生探索有关的事物和认知信息,形成较强的求知欲望和探索精神。

第二节　五年制高等职业院校德育存在的问题及原因

一、五年制高等职业院校德育存在的问题

从总体来看,当下五年制高职学生的政治思想比较健康稳定,其政治意识、政治敏锐性和政治鉴别力也在不断增强,政治取向趋于务实。然而,由于近年来国内外环境的巨大变化,特别是改革开放和中国特色社会主义市场经济建设进入深水领域,学生成长的社会大环境日渐复杂多变,多种文化思潮激烈碰撞,造成了学生的独立性、选择性、多变性、差异性明显增强,具体表现为以下几点:

(一)理想和价值观方面比较模糊

目前五年制高等职业院校大部分学生的思想整体上表现出积极进取向上的特征,然而在其价值目标、主体和取向方面则表现为以自我为中心和追求短期实效等特点,具体表现出热衷于"自我设计、自我奋斗、自我实现"的对自我价值和自身利益的追求方式。利己主义业已成为当下学生群体中较为普遍的一种价值认同。越来越多的学生更关注个人现实利益,保留"大公无私"思想的人少之又少。这是由于现实社会生活及某些流行的价值观对学生产生了极大的影响。例如,有一些学生对国家、民族和社会的利益考虑得比较少,把个人名利看得很重;盲目追求西方资本主义文化、价值观和生活方式,对中华优秀传统文化、价值观和生活方式知之甚少甚至表现出轻视与不屑;缺乏爱国主义热情,盲目崇尚西方资本主义国家的理念和生活方式,对党的光荣传统、中国革命的奋斗史和社会主义市场经济建设方面不闻不问;缺乏积极的人生观、价值观和世界观,对民族英烈、道德劳模缺乏应有的尊重和了解。同时,当下社会上一些极端的精致利己主义、拜金享乐主义等不良风气的滋生,严重影响了这些身心尚未发育成熟的学生的健康发展。当然,学生本身的因素自然也不应被否认。我国过去的计划生育政策直接导致了独生子女群体的扩大。他们从小受到家庭的宠爱,被长辈视为"掌上明珠"。很多学生从小过惯了"锦衣玉食"的生活,只知道吃喝玩乐,缺乏责任感,以自我为中心,特别在意自身利益和感受,不懂得关心他人,缺乏乐于助人的品格,人际交往能力差,很难与他人合作,排斥"异己"等。

大部分五年制高职学生的三观取向与当下时代潮流、社会主流是一致的。但少部分学生对人生价值的认识还较为幼稚、肤浅，他们将财富作为衡量人生价值的唯一尺度，这是一种极其错误的价值取向。人生价值问题是人生观的核心问题。人生价值是一个人活着的意义，是指一个人的一生对社会和他人所具有的作用和意义。人生价值由两个相互关联的过程构成。个人对社会和他人的责任和贡献，即个体人生价值社会化的过程；人生价值的创造以及社会对个人创造的肯定与满足，体现了特定社会背景下个人所处的地位和存在的意义。当下五年制高职学生在个人价值观上出现问题的原因主要有以下三点：第一，虽然目前中学也开设了思想品德课程，但教师基本上只讲授理论知识，未能引导学生养成正确的价值观，使得很多学生对于人生价值的认识和理解还处于一知半解的状态。再加上入学时年龄偏小、辩证思维能力和辨别是非能力较弱等特点，很多学生对人的本质、人的需要以及个人与社会关系等人生重大课题缺乏理性的认识。第二，部分教师自身未能正确理解社会主义市场经济的特征，仅看到市场经济功利性的一面，忽略了市场经济规则的另一面。从某种意义上讲，部分教师仅将自己定位为一名普通社会成员，忘却了自己首先是一名人民教师，忘却了作为教师应承担的教书育人的根本职责。常言道："正人先正己。"孔子也曾说过："其身正，不令而行；其身不正，虽令不从。"若让一个金钱至上、疯狂索取的教师对学生进行人生价值观教育，会产生怎样的教育效果呢？第三，五年制高职学生的思想较为敏感，情绪容易冲动，可塑性和模仿能力较强，他们处在人生观、价值观和世界观逐步成熟的关键时期，社会上的一些拜金主义、享乐主义、利己主义，那些所谓的"大腕""大款"们奢侈的享乐生活方式，对学生的影响巨大。学生处于学校、家庭、社会几方共同组成的一个综合大环境中。三者的教育之间存在很大反差，导致学生在生活中所见所闻与课堂上的教育教学内容不符，学生常常陷入理想与现实的矛盾之中。

（二）道德认知与道德行为之间严重脱节

所谓"知行脱节"，是指道德认知与道德行为的不同步、不一致性。一个人的言行一致、知行合一是其安身立命的基础，这就强调了人要在日常生活中养成良好的道德习惯。就当下五年制高职学生的思想道德的整体情况来看，他们具备一定的责任感和道德认知水平，对于公平公正、遵纪守法等一些基本道德规范较为认同，但他们普遍缺乏自我管理、自我约束的能力。虽然不少学生具备一些道德常识，拥有一定辨别是非的能力，但由于道德责任感差，在生活中还是存在着言行不一致的现象。例如，很多学生具备公民意识，以为自己能够做到爱国守法、明礼诚信、团结友善、勤俭自强，但实际情况令人担忧。在高喊遵纪守法口号的同时，破坏公物、考试作弊、浪费资源、欺负弱小等不良行为屡见不鲜，这充分说明了当下青少年学生在道德认知与道德行为上还存在着知行分离、重知轻行等现象。

（三）深受网络虚拟世界的影响

进入 21 世纪以来，随着互联网技术的普及与发展，社会及个人发生着深刻的变化。学生作为新鲜事物的主动接收群体，自然更热衷于融入网络生活、虚拟世界，不少学生未将精力投入学习和正常业余活动，而是沉溺于网络和游戏之中不能自拔，沉溺于互联网创建的虚拟世界中。虚拟世界中斩获的各种"荣誉"与"勋章"使学生偏离现实中真实自我的角色定位。时下各种网站提供了大量的信息，虽然其内容多数是健康积极的，但也有不正规、不健康的内容存在。这些不良网站提供的信息中掺杂了不少宣扬封建迷信、恐怖暴力和淫秽色情的内容。若青少年长期浏览这些不良网络，其直接后果就是道德水平急剧下滑，学业荒废，甚至有部分学生走上违法犯罪的道路。从这个意义上说，互联网的普及对于五年制高职学生思想有着正反两方面的影响。

（四）心理健康方面的问题日益突出

随着社会的发展，学生的生活环境、学习环境也较以前得到了明显的改善，大部分学生可以心无旁骛地在校专心读书，极少遇到父辈年轻时所面临的挫折与磨难，缺少劳动的磨炼和生活的磨砺，其吃苦耐劳和自强自立的意志品质正在逐渐弱化。因此，他们在学习、生活中稍微遇到一点儿困难时，便难以承受挫折和打击，缺乏克服困难、走出困境的勇气和意志力，常常表现为手足无措，无所适从，甚至产生心理阴影，开始变得消极、沉闷、怨愤，直至出现极端行为，给个人、家庭以及社会带来无法挽回的伤害。

二、五年制高等职业院校德育问题产生的原因

当下五年制高职学生存在一定的思想道德方面的问题，这不仅仅是其个人和家庭的问题，更是涉及千家万户的社会重大难题，关系到社会的进步和国家的发展。因此，我们必须对这些学生的思想道德问题进行深入分析，从学生个人层面、家教层面、学校层面甚至社会层面等多个角度进行剖析，深入挖掘问题产生的根源，并提出有效的解决方案。

（一）五年制高职学生自身特点的影响

通过对五年制高职学生的思想道德状况特征进行分析可看出，目前其综合素质状况不容乐观。因为这些学生年龄偏小，许多人是首次离开家庭外出学习，尚未形成正确的三观，还没有掌握基本的道德知识，养成良好的道德习惯；加之学校和家庭的教育亦受传统成才观的左右，导致学生在待人接物、自主学习、独立办事等方面的能力都存在很大缺陷，综合素质有待提升。具体表现为以下三个方面：第一，年龄小所带来的影响。五年制高职学生入学年龄大约在十五六周岁，在校学习生活期间他们将从未成年人逐步成长为成年人，该阶段是学

生身心发展由还未成熟逐步走向成熟的关键时期。在生理变化方面，最明显的特征便是性成熟，从入学时的懵懂少年成长为青年男女孩；在心理变化方面，独立自我观念明显增强，尤其在情绪体验方面表现得更为强烈，两极化特征非常突出，在情感领域出现了文饰、内隐和曲折等特点，学生一下子有了"长大成人"的感觉，同时自尊心也开始变强。这种感受致使学生要求摆脱父母长辈的束缚管教的意愿变得非常强烈。所以，当他们发现有某些因素伤害其自尊心时，就会产生强烈的不安、焦虑和恐惧。第二，学习、生活习惯的改变产生的影响。绝大部分五年制高职学生没有选择走读而选择住校，面临全新的学习生活环境，需要在思想、学习、生活和人际交往方面进行全面的调整与转变，然而有不少学生由于之前将精力全放在了学习上，养成了极强的依赖性，缺乏独立自主意识和生活自理能力。而且在五年的大专教育期间，学生的学习主要靠自觉完成，缺少了家长的监管，他们极易产生孤独、自卑感，进而影响其学习、生活和人际交往等方方面面。由于该年龄段学生身心发展尚未完全成熟，心理较脆弱，适应能力差，还有部分学生自视过高，为自己制定了超出自己能力范围的目标，当目标不能实现时，其自尊心便会遭受严重创伤，于是开始怀疑自己的能力和水平，产生强烈的挫败感。例如，目前社会就业压力很大，学生进入社会后，面对激烈的职场竞争，发觉现实与理想的差距巨大，远超自己的设想，他们会对自身甚至社会产生不满与否定。第三，自身受到传统成才观念的影响。很多家庭的成才观依旧是靠"书包翻身"，通过上大学来成就一番事业。这种传统的成才观也充斥着绝大多数学生的思想，在这种观念驱使下，判断高下的标准和社会选拔人才的方式便以考试来衡量，知识识记的培养被置于教育教学的首位。父母过高的期望给子女内心带来了沉重的枷锁，子女心理负担越来越重，业余活动的时间被紧紧压缩，更没有时间和精力参与道德实践教育活动。

（二）家庭教育方面因素的影响

家庭是孩子的第一所学校，而父母是孩子的第一任老师。古人云，"子不教，父之过"，道出了家庭教育的重要性。每个父母都有教育自己子女的责任，这无关其文化水平和素质的高低。家庭教育对于五年制高职学生综合能力的培养、良好性格的养成、高尚情操的陶冶等方面起到至关重要的作用。很多在思想道德方面存在问题的学生，其道德品质、心理和性格等出现问题的根源都在于其家庭教育的失败，家庭教育的水平直接影响到学生思想道德教育的成败。

1. 部分家长缺乏全面育人观和多元化发展的教育理念，没有科学的家庭教育方法

很多家长的教育理念、方法和手段是完全错误的，他们将自己工作生活中的种种不满统统强加到子女身上。要求子女珍惜时间、艰苦奋斗本无可厚非，

然而过于强调学习成绩是不对的，会导致子女从小就背负沉重的枷锁，无法健康快乐地成长。还有不少家长过于溺爱子女，忽视了对子女的独立生活能力、自信心和自律性的培养，致使子女自小养成自私任性、害怕吃苦、唯我独尊等不良习气。更有一些家长不顾子女的身心特征，一味地依照自己设定的期望为子女设计成长轨迹，忽略了子女的个性发展、擅长之处。这些家长对子女的期望值很高，一味地要求子女必须达成他们设定的目标。一旦子女未达标，他们便会萌生恨铁不成钢的戾气，用体罚等手段来代替教育，轻者对子女大声训斥、恶语相向，重者拳脚相加，使得子女压力过重，身心疲惫。这不但让子女饱受皮肉之苦，还容易在子女的心灵上留下严重的烙印，使子女逐渐产生严重的逆反心理，封闭自己，或者变得懦弱、自卑、胆小怕事，或自甘堕落。

2. 部分家长过于偏重文化教育，忽视了对孩子综合素质和能力的培养

上文所述，因受传统成才观的左右，很多家长对子女的评价标准仅为学习成绩。不管家长自身文化素养如何、从事何种职业，都极其重视子女的文化知识学习，常常忽略了对孩子道德修养、自律自理、待人接物等综合素质的培养。不少家长想当然地认为孩子学习成绩好便能说明一切，至于综合素养，等到子女长大成人后便自然会养成。甚至一些家长片面地认为子女接受的教育就是开发智力的教育，学习文化知识、考取高分数就是教育的根本目的。为了能让子女集中全部精力学习文化知识，父母包办一切，对子女提出的各种要求一味迁就，有求必应，不重视对子女的劳动观念、良好生活习惯和生活技能的培养，致使子女从小养成了不劳而获、自私任性等坏毛病。

3. 部分家长道德素养不佳，没有意识到自身素养对子女造成的影响

家长自身的道德文化素养以及日常言行举止都对子女有着非常重要的影响，倘若家长本身就沾染了好逸恶劳、不敬长辈、贪图小利等恶习，便会给家庭教育造成负面的影响。很多家长平时要求子女成为德才兼备的楷模，自己却整天抱着"混日子"的心态去面对生活和事业，只顾贪图享乐，没有在子女面前起到榜样示范作用，更谈不上给子女创造健康文明、适宜成长的优质家教环境。

4. 部分家庭内部成员关系不和谐，影响子女的健康成长

当下，学生的家庭环境多半是和睦的，却多多少少存在着一些家庭内部矛盾。一些家长缺乏必要的家庭责任感，导致家庭关系破裂，给子女的心灵造成了严重的伤害。还有一些重新组建的家庭，其成员间关系紧张，不少继父母仅关心自己子女的成长，导致对方的子女缺少应有的父爱或母爱。在这些残缺不全的家庭中成长的孩子是非常容易出现感情脆弱、敏感焦虑、沉默寡言等特征的，严重的甚至会心理扭曲变态、自暴自弃、不求上进。

(三) 学校的教育引导方面因素的影响

目前举办五年一贯制高等职业教育的一些高等职业院校的德育工作还存在

许多不足之处：个别学校及其相关职能部门的领导不重视德育工作，没有将德育工作贯穿于学校教育教学的始终；学校思想政治理论课实效性不强；德育工作与学生思想现状未能做到紧密结合，一直落后于形势的发展；专任德育工作的教师队伍整体水平有待提高，在工作中很少能拿出切实有效的解决问题的办法，甚至部分教师自身的道德素质还很欠缺，无法做到为人师表。加强和改进五年制高等职业院校学生德育是当下极其紧迫的任务。学生除了家庭环境之外接触最多的就是学校，而学校是对学生进行思想道德教育的主渠道，承担着为学生传授基本的道德理论知识、培养道德素养的重任。学校教育在学生思想道德教育方面有着不可替代的重要作用。

1. *学校重文教、轻德育的现象普遍存在*

在我国以应试教育为主体的教育背景下，考试成绩和分数排名是评价人才培养质量以及教育管理水平的主要依据。我国各级各类中小学校为了追求升学率，将德育视为教育教学的非重点内容，致使中小学的德育工作浮于表面、流于形式。虽然五年制高等职业院校规避了升学率的压力，但是因为学校过分着眼于专业教育，过分追求所谓的就业率，同样忽略了德育，这便导致社会各界喊了很多年的"德育为先"的教育理念始终没有真正在学校教育中得到落实。这种过分注重文教而轻视德育的教育思维导致学生的世界观、人生观、价值观存在严重缺陷，思想道德素养不达标。

2. *教师职业道德素养对学生的影响*

江泽民在《关于教育问题的谈话》中指出："老师作为'人类灵魂的工程师'，不受市场经济的冲击、社会不正之风的影响，不仅要教好书，还要育好人，各个方面都要为人师表。"然而现实情况是，有些教师完全没有意识到自己的道德素养以及价值取向会影响到学生的道德思想，具体表现为：第一，教师没有清醒地意识到德育工作的特殊性，思想道德教育是对学生的思想、灵魂施加影响，任何生搬硬套的理念都是不正确的。思想道德教育需要基于民主和非权威性，教学双方都有平等的权利参与道德构建的活动。教师应当创造一种平等、民主的教学氛围，在此气氛下与学生一起就思想道德建设深入对话，如此才能收到良好的教育效果，权威式的灌输模式其实收效甚微。第二，不少教师并未认识到其自身人格的完美与否、思想的先进与否、认识问题的深刻与否以及言语的妥当与否会对学生造成深刻的影响，教师的人格和言行往往是学生学习效仿的基准。教师道德评价的公正性与科学性会在很大程度上影响到德育内容、方法及时效性。教师被誉为"人类灵魂的工程师"，这表达了人民群众对教育工作的殷切期望，人民群众希望每位教师都具备完美的人格。然而由于社会存在着各种现实利益的纷争甚至生存的竞争，有些教师自身的人格塑造并不成功，缺失最基本的职业道德，少数教师的道德素质甚至极其低劣，在教育教学工作过程中非但没有积极地言传身教，还侮辱学生的人格，对待犯错的学生不是进行正面的教导而是对其进行讽刺、挖苦甚至体罚。还有部分教师缺少奉献精神，利欲熏心，破坏了教师原本良好的社会公众形象。这会使学生对教师的思想道德教育产生抵触和逆反心理。教师作为人类灵魂的工程师，必须"身正为先"，才能做到"德高为范"。

3. 学校德育工作简单说教、空洞乏味

目前的高等职业院校的德育工作方式主要分为思想政治理论课程教学、道德理论知识的讲座和学术报告等，普遍采用灌输式的教育模式，缺乏理论联系实际的德育教学活动，不能有效地帮助学生解决思想意识领域的问题。灌输式的教育模式很难帮助学生养成正确的道德情感、道德信念和道德行为。教育工作者经常居高临下地采用简单机械重复的教学形式，必然导致教育效果收效甚微，学生内心排斥甚至抗拒德育。

4. 学校德育措施不当，德育工作流于形式

德育作为塑造以及培养人道德品质的一项教育实践活动，本应得到高度重视。然而目前不少学校的德育工作浮于表面、流于形式，缺乏科学的教育理念以及合理的教学手段。一些教师在面对成绩落后、时常犯错的后进生时并没有引导其认识并改正错误，仅是一味地批评、处罚，教育方式、方法简单粗暴，教育效果甚微。从事学生一线教育管理工作的辅导员、班主任，往往将工作重心置于学习成绩以及班级秩序的管理上，忽略了思想道德领域的教育工作，对犯错和成绩落后的后进生缺乏耐心，没有深入地了解他们，真诚地引导他们，甚至还会用歧视的目光去对待他们，导致他们内心压抑。长此以往，这些后进生容易产生对他人、学校以及社会的仇恨情绪，酿成十分严重的后果。

（四）社会环境方面因素的影响

社会为学生涉猎业余知识、养成优良道德品质和习惯营造了非常重要的环境。社会环境对学生的道德品质的影响是非常深刻的。人与社会的和谐统一，是社会和个人健康发展的重要保证。当下社会上充斥着拜金主义、享乐主义和精致利己主义等不良风气。这些不良之风严重影响了学生正确三观的形成。

1. 当前社会上各种不良风气使社会环境的思想道德教育的功能不断弱化

改革开放至今，具有中国特色的社会主义市场经济得到了飞速发展，同时国内贫富差距也在逐步扩大。这些现实不断地冲击着国人的传统观念，左右着社会风气。以前的传统美德不断地被解构。一些人滥用权力为自己谋取私利而损害他人利益。社会上各种丑恶现象和不良风气严重腐蚀着学生的世界观、人生观和价值观。

2. 社会大众媒体中存在的文化垃圾对学生的思想道德的不良影响

一些社会大众媒体如报纸、杂志，受到利益的驱使，发布了大量的"垃圾

文化"。随着互联网的快递发展,丰富的信息数据及其便利的获得方式吸引了越来越多学生的关注。由于国家对互联网的监管尚未完全到位,网络上充斥着大量的封建迷信、色情恐怖等信息,这些均严重影响着广大青少年学生身心的健康成长。不少学生沉溺于网络游戏的虚拟世界而不能自拔,因网瘾而辍学的学生数量逐年递增,这给我们的教育工作敲响了警钟。

3. 西方的价值观和文化理念对学生思想道德教育的影响

改革开放以来,我国与世界诸国的交流日益频繁,与西方发达国家在政治、经济、文化等领域的冲突与碰撞也在日渐增加。由于五年制高职学生入学年龄偏小,尚未完全形成世界观、人生观和价值观,因此非常容易受到一些外来因素的干扰。西方资本主义国家的价值观和文化理念以及一些腐朽的生活方式对我们的德育工作造成了不小的负面影响。随着经济的飞速发展,人们的生活水平不断提高,拜金主义、享乐主义和精致利己主义等不良社会之风死灰复燃,对学生产生了极大的影响。不少学生放弃继承、发扬中华民族的传统美德,盲目追求西方的文化理念、价值观念和生活方式,给我们的思想道德教育工作带来了一定的难度。

4. 现代社会公众人物带来的负面影响

五年制高职学生父辈那一代人从小崇拜的偶像主要是领袖和模范人物,如毛泽东、周恩来、董存瑞、黄继光、雷锋、王进喜等。然而当下,富翁、影视明星、体育明星已变成学生所追祟的偶像。偶像的言谈举止,甚至衣着打扮,学生都会模仿。他们的励志故事、奋斗历程能够鼓励学生健康成长。然而一些社会公众人物常常以负面形象出现在大众面前,容易给学生错误的导向,造成负面影响。若社会未形成一个良好的环境,现实与理想的反差势必会导致学生对思想道德教育失去信任并产生逆反心理,从而使其思想道德水平整体下降。

第四章

五年制高职德育的教育担当

第一节 中高职德育有效衔接的必然性

中职教育的对象是未成年人，高职教育的对象则是成年人。在我国最初的教育体系内，中职教育和高职教育是分开的。不仅学校分别设置，教育主管部门也各司其职。中职教育归属地方政府主办，高职教育则归属中央和省部级政府主办，因此，中职教育与高职教育的德育工作也是分割的。五年制高等职业教育的出现，使得中高职德育融合于同一所学校，五年制高等职业院校德育的对象既有未成年人，也包括成年人，因此，做好两者之间的有效衔接，成为教育工作者极其重要的任务，否则，德育很可能倾斜于某一方。

一、社会的快速发展对德育提出新的要求

德育工作长期处在特定的社会环境下，难以离开社会环境而单独存在。社会的不断进步，倒逼德育的与时俱进。教育工作者应改革德育理念、内容及方法，促使学生更好地适应社会进步之需求。恩格斯认为："一切以往的道德归根到底都是当时的社会经济状况的产物。"

正如恩格斯所言，德育既然属于施教者所宣扬的思想观念领域的社会意识系统范畴，其产生和发展就要受到社会进步要求的制约，就必须适应并满足特定的客观需要。马克思主义认为，社会存在决定社会意识，而社会意识是社会存在的反映，依赖于社会存在。"人们头脑中发展的这一思想进程，归根到底是由人们的物质生活条件所决定的。"正如马克思所说，德育作为一种社会意识系统，虽然体现为特定社会、阶级或集团对受教者的塑造期求，由一系列概念逻辑搭建成其形式上的理论系统，然而事实上，作为精神领域和思想范畴的德育

体系具备了极其稳固复杂的自我约束性,并受到特定社会发展的制约,依赖于物质基础及其生产模式和水平。德育一直同特定时代的生产力水平相关联,是社会历史条件和经济政治的特定产物,一定时期的社会生产力发展水平乃是其得以生存和发展的经济基础。

在当下终身学习型社会,对人才综合能力和素养的整体要求正在不断加大,德育的重要作用日益凸显。"在知识经济年代,高素质主要不在于其专业知识,而在于其人格及道德,这是建立学习化社会的教育目的。"实践性极强的德育活动唯有置身于社会的动态发展过程中,才能展现其旺盛的生命力。无论是中学还是大学,都绝非单纯地为了完成某阶段的课堂传授或课外实践。上述两个学段的人才培养目标,皆是满足社会对不同行业、不同层次、不同种类人才的需求。将中高职德育进行无缝对接,能给学生提供一个"温柔可靠"的心理准备,规避了学生由中职校园环境进入高职校园环境时突然产生的心理脱节和不适应。在德育过程中,外部条件的变化是不能超越受教者思想、心理范畴控制边界的。一旦超越这个边界,就会使受教者产生思维混乱和心理恐慌,必定会降低受教者对德育的认同感、信赖感。因此,社会的迅速发展对中高职德育的无缝对接起了主导作用,并不断提出了新的要求。学校德育体系的设计,不应是随意性的,必须努力实现与社会进步一致;否则,德育就不能促进社会的进步和发展。

二、国际新形势对德育提出新的挑战

全球化的浪潮推动了世界格局持续发生变化。多极化的世界政治经济格局呈波浪式发展。蜂拥而来的各种资本主义腐朽文化观念通过多种渠道以及形态侵入我国社会主义青少年的思想领域,不断地削弱着传统德育的功效。当下,多种社会文化和价值形态互相交织并存,互相碰撞影响,个人英雄主义、精致利己主义甚至拜金颓废主义等严重侵蚀着我国青少年学生对社会主义主流意识形态的认可。加之我国长期处于社会主义初级阶段,社会主义市场经济正处在深化改革的攻坚阶段和关键时期,国家大量制度尚未成熟、完善,社会各领域存在众多失范和混乱现象,国人的生活模式以及社会交往方式正在发生颠覆性的改变,华夏传统优良文化及道德价值观念皆承受着严峻的冲击和考验。这对那些仍处于成长阶段、缺乏理性成熟判断力的青少年学生的负面影响尤其严重,使其价值意识、思维观念、言行举止都遭受污染和冲击。伴随着信息爆炸、知识变更,广大学生已难以仅用书本上的知识去应对未来可能面临的问题。世界形势的风云变幻对广大学生提出了更高的要求。德育业已变成一项无期限工程。1972年,联合国教科文组织发布《学会生存》报告,要求"全面改革教育系统,使之按照终身教育的原则,把各种教育层次和形式都结合连接起来"。面对如此局面，我们亟须构建起适应中国特色社会主义市场经济改革发展要求，与中国特色社会主义法律法规相适应并传承中华民族传统美德的社会主义德育体系，努力提升广大青少年学生的德育素养，培养青少年学生形成正确的人生观、价值观和世界观，秉持马克思主义对学生德育的指导性，以应对风云变幻的国际形势的新挑战。

三、素质教育的总流向对德育提出新的任务

青少年学生的人生观、价值观、世界观形成的关键期是中学和大学阶段。在此两个阶段中，学生的可塑性最高。当他们面临改革开放和社会主义市场经济迅速发展所带来的精神及物质层面的重大变革时，他们经常会由于缺乏一定的理性分析的能力和辨别是非的能力而不知所措。中高职德育的无缝对接要求中职与高职应依据新的形势和学生实际来改进并强化学校德育工作，形成合力，引导良好校风和学风的形成，促使学生身心的健康成长和综合素养的全面提升。然而受制于传统教育观念和教学行为模式的影响，学校注重应试教育，客观形成了功利主义教学模式，即用分数作为评价学生的唯一标准，屏蔽了许多非功利主义教育理念。传统的教育模式是以智育为唯一基础框架的，受制于应试教育，只关注考试结果，不注重学习过程；只重视有望金榜题名的"优秀学生"，忽略甚至放弃了所谓的"后进学生"；只注重考试和学习成绩，不关心学生综合素质的提高，更不关心对学生的社会适应能力及生活自理能力等方面的培养。很多初高中应届毕业生进入中高职校园后很难适应对独立自主、生活自理要求较高的校园生活环境，部分学生甚至无法完成学业。我国教育是以培养社会主义事业的建设者和接班人为教育目的的，而德育又是素质教育不可或缺的重要组成部分。素质教育与德育互相作用、互相促进。首先，素质教育的根本目的是促进学生的全面发展，其囊括了德育的全部要求，总体影响着德育效能的发挥，同时素质教育也为德育开辟了一个广阔的发展前景。德育若能突破应试教育的限制，便能提升学生的理论水平、思想境界、道德修养和心理素质，从而全面提升学生的综合素养。对于当代学生来讲，德育比智育更为重要，学校的课程教育若未能重视对学生健全人格的培养，即便高薪聘请专家、学者，亦难以使学生脱颖而出。目前"智育一手硬，德育一手软"的现象依然存在，德育"说起来重要，干起来次要，忙起来不要"的现状并未得到根本的改变。强化中高职德育的衔接必然要求在中小学阶段大力推行素质教育，以适应高职阶段德育工作的开展；也要求中高职充分考虑学生在中小学阶段打下的德育基础，重视德育内容和德育方法的渐进性和过渡性，更有效地提高学生的德育素质。

当代我国的德育教材、教学内容、教学手段随着社会需求变化不断发生改变，但其教学体系的理论研究鲜有创新。改革开放以来，一批又一批的教育工

作者本着为祖国培养"四有新人"的目标，苦口婆心地教导学生走正道，然而德育作为一门学科，更需要教育工作者去研究其内在科学规律并建构起其自身的体系。当今我国的经济、社会的大环境已经发生了翻天覆地的变化，以往的德育理念和方法已不再适用学生了。实践不止，创新不息，德育也具有其珍贵的品质——与时俱进，德育理论始终处于不断创新发展中。素质教育的核心内容是对创新精神的培养，此乃素质教育区别于应试教育的根本所在，旨在激发学生的创新意识，素质教育是培养学生创新能力的教育。创新是一切学科发展的动力，没有创新精神的学科是不具备强大生命力的。创新不仅是一种智力特征，还是一种人格特征、一种精神状态。重视创新也是现代教学与传统教学的根本区别所在。综上所述，德育的实效性体现在持续沉淀、连续创造的过程中，前一个阶段的德育是后一个阶段德育的基础，后一个阶段的德育是前一个阶段德育的继承和升华。提升任何一个阶段的德育质量绝非本阶段德育便能单独完成的任务，必须从德育本身以及外部有效衔接方面着手。因此，我们在呼吁通过教育改革来提升教育质量的同时，还应持续推进素质教育，以适应素质教育的总流向。

第二节　中高职德育有效衔接的必要性

一、中高职德育衔接的主要问题分析

高职（面对成年人）德育与中职（面对未成年人）德育的有效衔接至少应包括四个方面的内容：德育目标的衔接、德育内容的衔接、德育途径的衔接、德育管理的衔接。从我国德育的实施情况看，这四个方面在衔接上都不同程度地出现了一些问题。

（一）德育目标的衔接问题

德育目标即特定社会对公民在道德品质方面的质量与规格的基本要求，德育目标是思想道德教育工作的根本出发点。各年龄段教育对象的德育目标有其一致性和阶段性。依照具体的标准，德育目标基于时间角度，分为远期目标、中长期目标和短期目标等。培育有理想、有道德、有文化、有纪律的"四有公民"是我国德育的总目标。同时，教育部又确定了小学、中学/中职、大学/高职的分学段德育目标，以上皆为中长期目标。此外，各省（市、自治区）、各校也分别制定了基于自身实际情况的德育目标，作为德育的短期目标。另外，从宏观和微观角度看，在国家政策层面上德育目标有国家教育行政部门制定的宏观目标，还有具体到各校根据实际情况制定的中观目标，以至每堂课上授课教师的教案里体现的德育的微观目标。

1. 德育目标层次性不强

中高职德育目标层次性不强，各目标间缺乏系统的衔接，这个问题已存在数年，在学术界有许多专家、学者关注过上述问题。张寿芝等人认为，学校德育工作目标层次性不明确，没有遵循学生的年龄特点、成长规律，没有科学地设置德育的目标，以至于出现了"对小学生讲共产主义，对中学生讲社会主义，对大学生讲集体主义，到研究生那里搞文明宿舍评比"等奇怪现象。陶书和认为，学校德育的目标缺乏层次性，从而直接影响德育实效，直接影响学生健全人格的形成和个性的发展，达不到预期的德育目标。一般而言，学校制定的德育目标应基于学生身心发展的客观规律由低到高、由浅入深、循序渐进地形成层级序列。然而，由于教育工作者并未对德育足够重视以及并未科学理解和透彻认识德育目标的内涵、内容、要求，各学段学校的德育目标大部分定位很高，包罗万象，各成一派。就算是由教育行政部门统一制定的、有意识地将层次性与连续性相衔接的中小学德育目标，亦未规避这个问题。

《教育部关于整体规划大中小学德育体系的意见》（教社政〔2005〕11号）提出大学教育阶段德育目标是："教育引导大学生确立在中国共产党领导下走中国特色社会主义道路、实现中华民族伟大复兴的共同理想和坚定信念，牢固树立爱国主义思想和全心全意为人民服务思想，自觉遵守法律法规和社会道德规范，加强自身道德修养，具备良好的心理素质和艰苦奋斗、开拓进取的精神，促进大学生思想政治素质、科学文化素质和身心健康素质全面协调发展。同时，积极引导大学生中的先进分子树立共产主义的远大理想，确立马克思主义的坚定信念。"中学（中职、中技、中专）教育阶段德育目标是："教育帮助中学生初步形成为建设中国特色社会主义而努力学习的理想，树立民族自尊心、自信心、自豪感；逐步形成公民意识、法律意识、科学意识以及诚实正直、积极进取、自立自强、坚毅勇敢等心理品质，养成良好的社会公德和遵纪守法的行为习惯。"

从面上看，上述目标体系的各个阶段内容都非常完备，似乎未出现相互脱节的现象，未出现不衔接的情况；从内容上来看，高职学段的德育目标相较于中职学段，要点在于不断反复，加大了力度和深度。然而事实上，上述目标即便在量的方面体现出了层次性，在质的方面却依然未显现其层次感。总而言之，上述目标仅仅关注到了总体目标，而未对阶段性目标进行必要的关注，并以总体目标掩饰或代替了阶段性目标。因此，虽然大、中学的德育目标有其自身系列，然而重复内容过多，导致层次感缺失，未能构成整体序列。

2. 德育目标倒挂

德育目标倒挂现象较为严重，这在德育目标层次感不强的内容中亦有体现。例如，学生自小到大都是在"培养共产主义接班人"的氛围中被熏陶成长的，但大学里反而没有体现这一目标,仅仅强调要"做合格劳动者""做合格公民"。德育目标的倒挂,德育内容、方式和方法的选用不当,最终导致德育目标落空,德育效率低下。近几年,学术界已开始重视德育目标的层次性研究,关注学生身心发展的客观规律,对德育目标的制定也已体现出层次递进的意识。然而不同学段的制定者鲜有沟通,他们制定目标时考虑较多的依然还是遵循社会制约性规律,仍旧较少体现青少年身心发展的客观规律,导致德育目标在很多方面依然存在倒挂现象,中高职德育衔接未尽如人意。

(二)德育内容的衔接问题

德育内容是基于德育目标来制定的。教育行政部门依据国家德育总目标制定德育内容,而各个学校依据符合学段特点的德育阶段性目标制定德育内容。适宜的德育内容将对德育目标的落实、德育效果的体现起到非常关键的作用。

道德离不开生活。道德若无法规范人们生活中的日常行为,便失去了实际意义。道德不应也不能仅停留在书本层面。所以,施教者必须针对生活中的实际问题来安排具体的德育内容。我国古代提出过道德"知行合一"观点的理学家朱熹说:"论先后,知为先;论轻重,行为重。"朱熹强调道德修身践行为重,强调"知先行后",要求先习得道德知识,再付诸行动。倘若道德知识未能有效内化为道德意志品质,那么该种道德教育就是无效的。然而,中高职的德育内容更新较慢,与生活严重脱节,在很大程度上影响了德育效果。

改革开放至今,我国的社会经济得到了飞速发展,社会内部结构也发生着深刻变化,大量之前从未出现的新事物、新现象如雨后春笋般一一涌现,整个社会的主流意识形态、文化价值观念及伦理道德也在随之发生相应的转变,这些转变带来的新的思想观念不断冲击着青少年的道德认知。在此背景下,学校的思想道德教育工作面临着前所未有的挑战,且在近年越发突出。例如,如何处理各种复杂的人际关系,如何更好地利用网络资源,等等。这些新的德育难题需要我们更为积极主动地去面对,并采取科学有效的措施。数据显示,高职学生普遍存在着人际关系的困惑和烦扰。76%的学生不能正确处理与他人之间的矛盾,因为他们只会站在自己的角度去分析和考虑问题,强调以自我为中心,不能求同存异,导致人际关系越发紧张。而在初中五本德育教材——《思想品德》(苏教版)中,只有七年级下册第三单元《在集体中成长》第八课谈到如何处理人际关系,而高中六本德育教材——《思想政治》(人教版)(含四本必修、两本选修)只字未提;高职四本德育教材中,只有《思想道德修养与法律基础》第三章第三节"科学对待人生环境"中有所涉及。近几年,上网业已成为学生业余生活的主要方式,然而当下的网络世界里存在着色情、暴力、恐怖等信息,严重危害学生的身心健康。部分学生沉溺于网络游戏,并因此荒废了学业等。但中学阶段教材中竟然没有提到网络生活中的道德教育,只有高职德育教材《思想道德修养与法律基础》第五章第二节第四点"网络生活中的道德要求"对学生提出了几点自律要求。众所周知，如今沉溺网络的不单是大学生，不少中学生也深陷其中、不能自拔，并且沉溺网络的青少年有越来越多的趋势。

中职德育内容与生活实际的脱节，必然制约高职德育内容的安排，高职要给中学德育课程内容进行补漏。因此，当下的中职德育教材要及时填补网络教育内容，以利于与高职德育教材的内容进行无缝对接。

（三）德育途径的衔接问题

德育途径是基于德育目标完成德育内容的具体措施和路径。在德育体系中，德育途径是物质的实体存在，是德育内容、德育方法及整个德育过程的载体。若不通过具体的德育途径去实施，则德育目标和德育内容皆如飘浮在空中的楼阁，毫无根基。国家非常重视德育途径的衔接问题。2005年4月20日，《教育部关于整体规划大中小学德育体系的意见》中就如何努力拓展大中小学德育的有效途径提出了六点要求：一、挖掘各类课程的德育资源，把德育渗透到学生学习的各个环节。二、明确全员育人的要求，把德育落实到教学、管理、服务的各个方面。三、积极开展丰富多彩的德育活动，在活动中增强德育效果。四、推进教育、管理、服务相结合，在关心人、帮助人中教育人、引导人。五、构建学校、家庭、社会紧密配合的德育网络，使德育工作由学校向家庭辐射，向社会延伸。六、积极开展党团活动，充分发挥党团组织和学生组织在德育中的重要作用。在实际工作中施教者们提出了诸多德育途径的理论观点，然而，上述德育途径仅停留在理论层面，未在学校的实际运用中取得实际效果，这与德育工作者们尚未掌握德育途径理论在实践中的运用规律相关，也与高职德育与中职德育在途径上的衔接不好密切相关。

德育途径是落实德育内容、实现德育目标的渠道和方式。高职德育与中职德育的实施都要落实到德育途径上才有效。我国的《中国普通高等学校德育大纲》和《中等职业学校德育大纲》中对学校的德育途径也有着具体规定。总的来说，学校德育有以下几种主要途径：德育课、其他各科教学中的德育渗透、日常思想教育工作、校园文化、社会实践等。

在德育实践工作中选择途径，不仅要依据学生身心发展的客观规律，也要基于具体的德育目标和内容。基于德育规律，学生在各学段接触的德育是不同的，因此，德育途径也有差异。然而，每个人的成长又是一个持续的过程，各方面道德素养须平衡发展，各学段德育途径衔接就显得尤为重要。要做好中高职德育途径的无缝对接，首先要找出中高职德育途径在衔接方面存在的问题。

1. 中高职日常思想政治教育工作有明显差异

日常思想政治教育工作是德育的重要途径之一。《中等职业学校德育大纲》指出，"班级是学校德育工作的基层单位。班主任是组织班级管理和德育的直接实施者";《中国普通高等学校德育大纲》也指出,"辅导员和班主任是日常思想政治教育的直接组织者和协调者"。可见,中职的班主任与高职的辅导员（班主任）是日常思想政治教育的最主要实施者,并且《中等职业学校德育大纲》和《中国普通高等学校德育大纲》中都规定了二者的职责。通过对上述职责进行比较,不难发现,中职班主任和高职辅导员（班主任）存在着很大共同点,诸如班集体建设、学生干部培养、日常思想政治教育工作、特殊学生思想教育工作、心理健康咨询与指导、家校联系等。从表面上来看,其中的日常思想政治教育工作是相互衔接的,然而事实上,中高职日常思想政治教育工作是脱节的。

从对班集体的建设方面来看,中高职在班集体的建设管理上存在着较大的区别。中职严格,高职则更多强调自主管理,两者之间缺乏渐进过渡的阶段。从心理层面分析,中职更容易和学生家庭紧密结合,形成教育合力。因为中职的地域性较为集中,区域文化相通相融,学生大多来自学校周边,家校较近,利于班主任通过家访等形式与家长取得联系,掌握学生情况。而高职学生来自全省乃至全国各地,语言、生活习惯皆不相同,容易产生诸多问题。加之由于家校距离遥远,辅导员与家长取得联系并不方便,高职辅导员工作难度要比中职班主任的工作难度增加好多倍。上述问题的产生在一定程度上是大学与中学的日常思想政治教育工作脱节导致的。

2. 中高职校园文化迥异

最近几年许多专家指出校园文化是开展思想道德教育工作的一条重要途径。作为学校自主生成的物质及精神文化的总和,校园文化有机融合了校园物质文化、制度文化、行为文化、组织文化和精神文化,在校学生因此一直接受着校园文化氛围的熏染。教育部亦积极倡导学校开展丰富多彩的校园文化活动,将德、育、体、美、劳的教育融合在一起,寓教育于积极向上的校园文化活动之中。

校园文化与全校师生的心理活动紧密相关,校园文化左右学生的情感变化。亮丽的建筑、整洁的校舍激发师生愉悦之情；优良的校风、教风、学风催人奋进；精彩纷呈的校园文化活动陶冶情操；严密细致的校纪校规使人敬畏。总而言之,校园文化是学校开展思想道德教育工作的一条重要途径。中高职的校园文化脱节现象主要表现在哪些方面呢？

中高职的校园文化存在着明显的差异,两者缺少必要的过渡衔接,整体特征可总结为：中职紧张,高职松弛；中职单一,高职复杂；中职封闭,高职开放。首先,无论是普通高中还是中职,出于对未成年人的关爱与保护,无形之中使校园文化呈现出一种紧张的氛围；而高职由于无高考的压力,校园文化呈现出松弛的状态。其次,中职生源结构相对比较单一,学生大多集中在学校周围，同一区域的家庭生活习惯、语言习俗相差甚微。在这种背景下形成的校园文化便呈现出一种相对比较单一的特征。高职学生则来自全国各地，思想观念、语言习俗、生活习惯不尽相同，正所谓"林子大了什么鸟都有"，这便使得高职校园文化呈现出较为复杂的特性。再次，从校园建设和管理层面上来看，中职校园相对封闭，加上近几年愈演愈烈的"校园暴力事件"，倒逼学校增强了对校园的管理力度；高职校园则是"无围墙的学校"，校园管理相对开放。同时，中职校园文化相对于高职校园文化来说，受社会影响较小；而高职则较多。当学生面对中高职文化特征呈现出如此巨大差异时，便会出现不适应的情况。例如，学生进入高职校园后，因缺乏分辨的能力和必要的基础信息，盲目参加各种社团，影响正常学习，这便是由于中高职校园文化之间缺少必要的转换机制，学生未接受相应的指导所造成的。

（四）德育管理的衔接问题

《中国普通高等学校德育大纲》指出："实施德育大纲必须加强领导，必须有健全的领导体制，专门的组织机构，得力的队伍，完善的规章制度和必要的经费与物质保证。"德育的管理实施涵盖了如下几方面内容：领导体制与组织机构、德育工作队伍建设、德育规章制度、德育工作绩效评估等。其中，中高职德育管理在以下两个方面的衔接存在严重问题。

1. 高职与中职的领导体制与组织机构设置不配套

从领导体制看，高职"党委是学校德育工作的领导核心，应研究德育的指导思想、工作方针、任务和重要问题，主持制订德育的总体规划与实施计划，定期分析学生思想政治状况和德育工作状况。在党委的统一部署下，建立和完善校长及行政系统为主实施的德育管理体制，校长对学生德、智、体全面负责。应明确一名副校长（可由党委副书记兼任）具体负责德育工作。可成立学校德育工作领导小组，由党委书记或校长，或主管学生思想政治教育的副书记或副校长任组长。系（科）也应建立相应的德育工作小组。高等学校的党委宣传部、学生工作部、'两课'的教学部门、教务处、学生处、团委是组织德育实施的主要职能部门"。中职"实行校长负责的德育工作管理体制。学校党组织要发挥政治核心和监督保证作用，支持和协助校长做好德育工作"。比较《中国普通高等学校德育大纲》和《中学德育大纲》可发现，两者的领导部门是党委和党支部，领导人都是校长，然而两者存在较大差异。国家对高职的领导体制与组织机构的职责与任务规定得更加具体明确，说明国家对高职德育更为关注。

从组织机构看，高职的"党委宣传部、学生工作部、'两课'的教学部门、教务处、学生处、团委是组织德育实施的主要职能部门；党委组织部、学生工作部和学校人事处是德育队伍的管理部门。学校的其他相关部门都要主动参与、密切配合，真正做到齐抓共管"。中职要有一名校级领导分管德育工作。高等职业院校中负责德育的组织机构要明显多于中等职业学校，这便体现了国家对高职德育的重视程度。然而，高等职业院校德育组织机构存在着职责分散、令出多头、很难形成合力的问题。

从上述分析可知，中高职德育在领导机制和组织机构方面存在着脱节的现象。

2. 中高职德育队伍缺乏交流

中等职业学校德育一线队伍包括：班主任，思想政治课教师，各专业、基础课教师，其他教职工人员。其中最重要的便是班主任和思想政治课教师。高等职业院校德育工作队伍包括：学生专职政工人员，"两课"教师，兼任德育工作的专业、基础课教师，党政干部。学生专职政工人员和"两课"教师全为专职德育教师。学生专职政工人员是指专门从事学生思想政治教育工作的人员，包括分管德育工作的系党总支副书记（可兼系副主任）、分团委书记、辅导员（或年级主任）以及专职从事思想政治教育工作的其他人员等。

德育工作者是学校德育的直接实施者，然而，中高职德育工作者缺乏交流合作与沟通的机制和渠道。中高职德育工作在这方面的脱节直接导致高职不清楚中职德育内容和规律，中职德育工作者也不了解高职各种前沿的德育研究成果，致使中高职德育资源未能得到充分的挖掘和有效的利用。

二、中高职德育衔接问题的原因分析

其实高职与中职德育相衔接的相关表述早在 1995 年 11 月《中国普通高等学校德育大纲》中就有所提及。它对大学德育做出这样的要求："立足当前，面向未来，与高中德育相衔接，注意系统性和可操作性，并在实践中不断充实和完善。"中高职德育的无缝对接不单是两个学段的简单相加，更需要在宏观和微观层面双手齐管，不可偏废或倾斜于任何一个层面。目前两学段互相独立、互不干涉。其主要原因亟须教育工作者们深入分析、认真探讨。

（一）德育目标设置模糊，缺乏针对性

1. 德育目标的设置脱离学生身心发展的规律

就德育工作而言，学生道德品质的养成过程事实上要比掌握理论知识以及专业技能更为复杂抽象，因为学生道德品质的养成受制于主客观条件的多重限制。"志""知""情""意""行"是人类心理活动的基本形式，也是道德品质养成的五个基本元素。"志""知""情""意""行"这五大基本元素互相依存、互相渗透、互相制约、互相促进。只要缺乏其中一种，便不能得出学生个体已经养成了某种道德品质。此外，"志""知""情""意""行"这五大基本元素并不是同步发展的，不同年龄阶段"志""知""情""意""行"发展的侧重亦不相同。思想道德教育工作必须围绕"志""知""情""意""行"这五大基本元素展开，不断调节它们在发展方向和程度等方面之间的落差，协调其平衡发展，才能促进学生养成优良的道德品质，这亦是学校开展思想道德教育工作应该遵循的一条基本规律。德育工作者若不了解开展思想道德教育工作应遵循的基本规律，就不能正确把握学生身心发展的基本过程，进而导致中高职德育衔接工作出现问题。学生德育理论知识的习得是由低到高、由浅入深、由简至繁的一个循序渐进的过程。学生对道德认知的全面及深刻程度左右着其认识内化为信念和行动的效果。学生从出生到成熟、衰老直至死亡，必须面对亲子关系、师生关系、朋友关系等多种人伦道德关系，且不断体验社会、感悟人生，矛盾及迷茫将会伴随整个过程。传统的德育目标是将社会认可的道德准则规范转变为学生个体的行为习惯，这便过分强调了外在功效，散发着浓郁的功利主义味道，而其中很多内容事实上与学生个人生活并无太大关联。不少学校设定德育目标时与学生身心发展的实际情况脱节，未能在学生成长的关键阶段开展有针对性的教育，贻误了最好的时机。因此，德育工作者们必须基于学生身心发展的客观规律有目的地施加影响，方能促进学生健康发展。如果在教育过程中忽略了这一个重要方面，容易让学生产生"无力感"，更谈不上增强德育的实效了。让小学生牢记共产主义信念，大谈特谈实现社会及个人价值；教育中学生去塑造合格公民，空谈爱国守法、明礼诚信、团结友善、勤俭自强、敬业奉献；对大学生开展道德规范教育，谈职业道德：这些德育目标上的"本末倒置"显然有悖于学生身心发展的客观规律，显现出德育目标设置方面存在问题，对德育衔接产生消极影响。

2. 德育目标指向狭窄，层次不清

德育目标左右着思想道德教育工作的开展。中职的思想道德教育目标分为知识目标，能力目标，情感、态度、价值观目标三个层次。实际情况却变成了以考核分数作为评价教师思想道德教学效果的唯一标准，这就必然导致中职德育教师将考试作为唯一的教育及评价方法，几乎全部德育教学活动都围绕考试这个中心，教师只注重课堂灌输知识，将教学重难点仅安排在与考点相关的知识方面，忽略了最基本的教育教学目标。在此模式下"造就"的学生非常容易出现高分低能，甚至道德滑坡的现象。相较于中职而言，高职本应更注重学生的能力培养。然而实际情况是思想道德教育课程长期受不到应有的重视，德育教师的地位普遍低于专业教师，致其无心于德育教研。教学目标指向单一，中高职德育的无缝对接更无从谈起。此外，一些德育教师本身就缺乏衔接的意识，未能很好地去了解和比较中高职德育教学目标的异同，对学生的现实思想情况也不去关心、了解、把握，这同样会导致德育目标衔接失效。中高职德育教学目标尽管阐述不一，教育对象亦不同，但是对于怎样实现两学段一体化、连续性，教学大纲和上级文件并未提出更为具体详细的指导意见，似乎默认中职阶段一结束，学生便能自然而然地适应高职德育的新环境，实现高职德育新的目标任务。这无论是从逻辑上还是从实践上来看都是说不通的。不仅如此，中高职德育目标层次在很大程度上存在着混淆和错乱。之前的各学段对德育具体目标的设定都非常接近甚至类似，忽略了学生思想道德培养的年龄特征，违背了教育教学循序渐进的原则，在具体教学过程中难以调动学生的学习积极性。

（二）德育内容重复脱节，影响学生的学习兴趣

1. 德育内容相对滞后

德育自身的特点决定了它与时代最贴近，因而具有鲜明的时代性。无论是中职还是高职，德育内容都应与时俱进，不断革陈出新，废弃那些落后的、过时的、陈旧的内容，反映时代最前沿的学术研究成果。当今世界处于一个开放的、竞争的、创新的时代。面对这样的时代，德育内容不能一成不变，需要与时俱进。然而，受制于编写时间、出版周期等各种因素，中高职德育教材的内容不可避免地存在着一定程度的滞后性，从而削弱了德育的实际效果。此外，掌握知识与形成道德的速度总是不对称的。即便学生通过后天努力掌握了丰富的知识，也不意味着学生就能将这些知识内化为自身素养。唯有当学生用理论指导实践，形成富于个体特征的价值观的时候，理论知识才会真正融入学生的头脑之中。

2. 德育内容渐进性不够

思想道德教育工作本应是一项系统工程。即便中高职德育工作存在着较大的差异，也应循序渐进，因材施教，以期取得更好的教育效果。但是，在当前的中高职德育工作实际中，"简单重复""内容倒挂"等现象经常发生。高职学生重复学习中职阶段就学过的德育知识，重复背诵之前就滚瓜烂熟的哲学概念。虽然高职课程内容设置比中职丰富细致，但相似程度太高，学生厌学，对德育课程消极对待。只要进行深入分析，便不难发现，此类现象的产生绝非偶然，亦非高职阶段突发，而与基础教育密不可分，是学生在基础教育阶段存在的问题延伸到高职的必然结果。

（三）德育方法单一，课堂气氛沉闷

1. 过分坚持灌输式的教育模式

传播思想道德教育理念，促成行为习惯转变，要靠有效的德育方法。然而，现有德育方法并不理想。首先，灌输式讲授知识是各学段思想道德教育工作选择的一贯教法。中国一直以来都是人口大国，人口基数过大造成了社会各个方面的问题，比如在中国学校中生师比过高，导致了德育课堂里教师更乐于选择灌输知识和辨析概念的教法，脱离了实际的教学活动，忽视了对学生能力的培养，这种情况在中职阶段尤其严重。近年来，高等职业院校规模持续扩大。教

师们无法因材施教，只能采取满堂灌输的方式，在课堂上依旧以"讲"为主，忽视学生的参与度。这种德育方法往往把学生当成知识的容器，且不管容器形状有别，大小各异，承受力不一，一味过分地硬性灌输。其次，多媒体教学手段未得到有效普及。当前我国学校生师比失调，人均教育资源十分紧张，社会对于教学服务的个性化呼声越来越强，而目前全球化和信息化趋势也对革新教法提出了更高的要求。尽管多媒体技术为教法之革新提供了支撑，但是许多教师囿于主客观方面的因素，课堂教学仍以灌输知识为主，教学手段单一，仅仅围绕教材、教参、教案，忽略了附加材料或者多媒体教学的效果；教学过程机械死板，所有教学活动都限制在预设好的框架下：这就限制了学生知识面的拓展，阻碍了学生思维的发展，使学生的个性受到多方面的限制，创新意识和综合能力的培养受到影响，学习的积极性急速下降。

2. 中高职德育教学方法一致

正确的教法有助于促进教学任务的落实以及教学目标的达成，与此同时，教法的选用亦直接影响到中高职思想道德教育工作的有效衔接。就目前的教育教学实际而言，中职教师过分追求教材理论知识的识记，忽略了对学生分析判断以及解决实际问题能力的培养，只要求学生死记硬背，应付考试，导致大多数学生只关注教材观点，没有拓展性学习的意识。中职的德育教法主要采用讲授法、比较教学法、典型教学法等，高职则更多应采用讨论式、启发式等教学方法。这种教无定法的教学方法，对于习惯了中职灌输式教学方法的学生来说有一定困难，也会影响中职教育与高职教育的有效衔接。如果施教者在两学段的教法上未能实现根本性的突破，仍然采用一贯的理论灌输式教法，那么学生虽可以获得高分，但会对德育产生厌恶和反感，间接影响了两者的有效衔接。

（四）中高职少有沟通

当下我国教育的组织形式为政府主办，其他各种教育机构作为补充。虽然改革开放以来，各类民办教育弥补了公办教育的不足，但公办教育依然占据强势主导地位。无论是公办学校还是民办学校，都必须遵循国家的教学规定，服从政府的领导和调配。"基础教育一司""基础教育二司""高等教育司"是教育部的主管部门，"思想政治工作司"专门负责高等教育的德育工作。由于各学校相对独立，加之我国教育体制对中高职的思想道德教育工作进行了模块的划分，不但使得教学目标和内容难以衔接，呈现出分裂的阶段性和层次性特征，而且违反学生科学发展的客观规律，在教材编写、课程设置、人员配置方面都呈现出各自为政、互相独立的状态。这种教育体制硬生生地将思想道德教育人为地割裂开来，使其失去了完整性和系统性。即便我国每年在全国各地都会举行各种层次的德育研讨交流会，却鲜有将两个学段的德育工作代表汇集在一起进行交流研讨的做法。就算是小范围或地区层面召开的交流研讨会，也不约而同地将学校、层次、类别区分得清清楚楚。中高职德育工作者缺少交流平台、缺乏有效沟通，导致高职德育教师无法了解学生在中职阶段所习得的知识及其思想境界所达到的实际水平，仅根据当前学段的学生现况去开展教学和研究。缺乏沟通是中高职德育衔接失效的重要原因。

三、新时代对中高职德育衔接提出新的呼唤

德育的对象是人，确切地说是学生，而无论是中职还是高职的思想道德教育工作，皆是以青少年为主要对象的育人活动。在学生从中职跨入高职的过程中，无论是生理还是心理都遵循科学发展的规律，当然学生的心理与生理的发育亦不相同。这就造成他们的特长、兴趣、爱好以及认知和感知能力千差万别，他们对知识的理解与接受能力也呈现出极大的差异。学生的身心发展是一个渐进过程，特别是在道德素养的内化和养成方面，必然要经历一个由不成熟到成熟的过程。因此，要使德育的各项目标在青少年学生身上得以顺利实现，就必须将德育规律与学生成长规律有机结合起来，以促进青少年学生的健康发展。中高职德育的无缝对接，一方面可使青少年学生阶段性发展特征得到确认，保证教育的连贯性；另一方面也能契合德育的客观规律，即青少年学生的思想品质养成的规律。"思想品德形成发展规律，是思想政治教育所要遵循的基本规律。这一基本规律，是思想政治教育能够进行并取得成效的根本依据。""而社会存在与社会意识关系的理论，揭示了一般意识、一般思想形成发展的规律。"据此我们不难看出，由于中高职德育所面对的社会存在具有一定的差异，唯有关注到此类差异性，才能使各学段的德育工作契合青少年学生的需求。同时，还要关注到其共同性或相似性。开展中高职德育衔接工作需要考虑到这种共同性，才能为青少年学生思想品质的培养找到一个合理的生长点。不仅如此，因为社会意识具有相对独立性，故青少年学生的道德素养可以超前或滞后于自己所处的阶段，并且对自己所处的环境有能动的反作用。中高职德育的无缝对接有助于各方抓住青少年学生思想品质发展的实际，促进青少年学生的健康成长。

德育课程是开展思想道德教育工作的主渠道，承载着培养学生优良道德品质的主要任务，对促进学生德、智、体、美、劳全面发展发挥着巨大功效。经济的快速发展和时代的进步，已使社会对人才的需求由单一知识型人才向德、智、体、美、劳全面发展的复合型人才转变。这就要求我们培养的学生必须要实现全面发展。马克思指出，任何人的职责、使命、任务就是全面地发展自己的一切能力，其中包括思维能力。恩格斯也认为，每个人都无可争辩地有权发展自己的才能。虽然中职与高职分属两个相对独立的学段，然而在育人总目标上是一致的，都是为了让学生得到最大限度的发展，树立正确的人生观、价值观、世界观，培养优良的道德品质素养。这就需要中高职德育保持高度的连续

性和完整性，使中职德育与高职德育衔接达到无缝衔接和紧密联系。

第三节　中高职德育有效衔接的实践性

做好中高职德育的无缝对接工作的要点在于寻求到务实可行的对策。五年一贯制高等职业教育的发展使得这项对接工作获得了实践机会。

一、树立"以学生为本"的理念

"以人为本"是教育的根本理念。因此，要更好地开展五年一贯制高等职业教育的德育工作，教育工作者必须树立"以学生为本"的理念，深入研究理论知识。正如英国著名教育家、哲学家赫斯特（P. H. Hirst）所言，专业的德育工作者"应该对道德的本质有所研究，对道德的适当领域有必要的合理的理解，而且在道德教学上受过专门的训练"。那么，专门从事道德教育的教师应该研究哪些德育理论呢？除了最基础的德育原理、教育学、心理学知识外，教师更要深入研究关于道德发展阶段的理论，探究学生道德发展的规律。美国当代著名的心理学家、教育学家柯尔伯格（Lawrence Kohlberg）提出道德发展阶段论，认为道德思维具备结构特征，是一种有组织的心理活动方式。经过12年的悉心探索，柯尔伯格总结出了儿童道德成长"三水平"以及"六阶段"的理论（具体见第5章）。个人的逻辑发展阶段在某种程度上限制了其所能达到的道德发展水平，品德的形成有着自身的规律，教育工作者首先要清楚学生的道德发展的水平、阶段。在14、15岁至19、20岁年龄段的中学生以及大学生，正处于"习俗水平"（Conventional Level）向"后习俗水平"（Post-conventional Level）过渡的时期。在这个阶段，学生的道德品质开始由"他律"向"自律"发展。明确了这点，五年制高等职业院校的德育教师便可基于此理论，对其德育任务提出明确的要求：在未成年人时期学生的道德发展处于"他律"阶段。这一阶段道德教育的任务是引导学生习得最基本的道德规范，明确道德价值的重要性，并督促其对道德生活进行反思，了解道德规则的相对自主性等特点。成年人时期是学生道德发展的"自律"阶段。在此阶段开展道德教育的主要任务除了要巩固"他律"阶段的成果外，还要努力促使学生提升道德境界，逐渐消减勉强的道德行为特征，努力向"后习俗水平"阶段过渡。其中重要的是，探究学生道德发展规律、因材施教的理念是需要商榷的。正如美国教育学家霍尔所言："道德教育所面临的问题和挑战是要寻找一条中间路线。它既不强迫年轻人接受一套道德规则，也不给他们这样一种印象，即做出决定完全是一件个人的主张或想入非非的事情。"当然，我国学生的道德成长以及德育过程与柯尔伯格提出的理论并不完全一致，具有中国特殊的国情。

二、设计有针对性的德育教学方法

德育原本就是教育学生如何为人处事，不能仅传授知识，道德规范的内化是建立在特定的生活体验的基础之上的。不管是对未成年学生的道德规范教育，还是对成年学生的理想信念培养，都需要将学生置身于一定的社会关系中，通过人际交往中的言行，让学生反思自身的言行选择的责任；需要通过现实生活中大量鲜活生动的具体案例来丰富德育内容，让学生面对复杂的社会情境，对自己和他人的言行之正当与否做出正确的判断，建立正确的是非荣辱观，培养高尚的道德情操。基于现实体验的德育不单需要丰富生动的案例充实教育内容，更要积极引导学生参与教学互动，尤其要鼓励学生通过自身的成长历程来实现自我教育和相互教育。要促使学生进行自我反思，帮助学生在复杂多元的社会生活中学会理性思考、懂得如何抉择。学生在生活中会遇到大量道德问题，如是否说真话，考试是否作弊，是否遵守规则，如何处理人际关系，等等，需要做道德选择，需要处理道德困惑。施教者要创设各类道德情境，尤其是展现道德价值观念冲突的情境，鼓励学生进行讨论甚至辩论。此外，充分利用第二课堂进行问卷调查，采访学生榜样，投身志愿服务，上述德育活动都能使学生产生真实的道德体验。

三、科学地设置德育目标

德育目标是教育目标在德育领域的具体化，我国的教育主要是培养社会主义社会的合格公民，造就"有理想、有道德、有文化、有纪律"的德、智、体、美、劳等全面发展的社会主义建设者和接班人。为此，我们不能将德育目标定得过于理想化，不能不分对象、不分阶段，用最高的德育目标作为所有教育阶段的德育纲领，而需要循序渐进、层层递进地开展德育工作，要基于学生思想、心理发展水平和接受能力，结合其身心发展的实际情况，科学合理地制定阶段性德育目标。五年一贯制高等职业教育前三年的德育目标和后两年的德育目标都统一于德育的总目标。教师在这两个学段必须基于学生的生理、心理特征来制定阶段性的德育目标，体现出德育目标的层次性和科学性。德育目标内容必须贴近社会现实生活，将针对性较弱的目标具体化，分阶段提出可操作性强的有效目标。基于学生不同发展阶段，不同的生理、心理发展特征，以及针对学生人生观、价值观、世界观等思维方式上出现的新现象，教师要分段、分层确定德育目标，形成目标系列。要按不同目标层次对学生开展人格教育、思想教育、政治教育、道德教育、民主和法制教育、马克思主义道德观和人生观及世界观教育。

四、完善更新德育内容

改革开放使国人的经济世界观、文化价值观发生了翻天覆地的变化,相应的德育内容也亟须适应这种变化。学校德育的具体教学内容不能故步自封,必须根据社会变化推陈出新,符合社会的变革与学生的内在需求。当德育内容以开放的姿态吸纳社会上新的积极的思想和新的道德教育案例时,学校德育的效果将完全不一样。

德育内容的与时俱进要求教育工作者关注社会上的新思想、新现象,引导学生进行价值判断。新思想、新现象学校德育是回避不了的,学生不在学校接触,总会在其他地方接触到。因此,学校不如积极主动地引导学生直面这些新现象、新问题。德育内容要与学生的内在需求保持一致,注意学生在一定年龄段出现的问题,比如,早恋、沉迷于网络等。德育如果刻意回避这些问题,反而不利于问题的解决。因此,五年制高等职业教育德育可以把网络道德教育、心理健康教育、诚信教育和性道德教育等方面的知识补充进教材。除了将上述几个方面的内容补充进教材外,学校德育还可以更新以下几个方面的内容:

1. 竞争与合作意识的教育

如今社会充满竞争。大到世界各国的国际竞争,中到国内各行业领域的竞争,小到人与人之间的竞争,竞争无处不在,无时不有。但是有竞争便存在合作,在政治、经济、军事等领域,国内外的合作非常普遍。所以,学校德育要进行竞争与合作的教育,要经常组织学生参加各种形式的竞争性与合作性活动,为他们将来参与社会竞争与合作打下良好的基础。

2. 生态与环保意识的教育

爱护地球,保护自然,是人类的共同责任和义务。培养学生科学的生态观念和环保意识是学校德育的重要内容。学校德育要培养学生爱护环境的意识,防止各种污染和破坏环境现象的发生。

3. 行善与防恶统一的教育

当下,社会大环境极其复杂。学校德育不能只教人如何行善,还应教人如何防恶,在对学生进行行善与防恶的教育过程中,更要引导学生培养必要的安全意识和自我保护意识。

4. 开放与全球观念的教育

当今社会是一个开放型社会,学校德育要培养学生开放的视野、开阔的胸襟和全球观念,引导学生积极参与国际交往与合作,跟上时代的步伐。

五、整合优化德育途径

中高职德育的无缝对接,首先要注重两个阶段德育路径的有效过渡,其次要关注两个阶段德育不同路径的侧重点。

未成年人的德育路径和成年人的德育路径有差异，这是正常的，然而，现实情况是这些路径在具体实施过程中存在过大的差别，出现断裂脱节现象。分层施教的两个阶段德育需要研究各自阶段德育路径的特征，做好德育路径的无缝衔接，实现中高职德育的稳步过渡。当然，五年一贯制高等职业教育两个学段的德育路径也有各自的侧重点。学校需要基于未成年人与成年人各自的生理、心理特征来选取适宜的路径。在上好教学计划内的思想政治课程之外，更要整合优化其他德育方式。例如，大力营造积极向上的日常校园文化活动氛围，把德、智、体、美、劳有机结合起来，寓教育于健康向上的文化活动之中；开展心理咨询活动，开设学生心理健康教育课程，重视学生心理疏导工作，通过心理咨询的方式了解和解决学生情绪、情感等心理层面的问题，促进道德教育；开展军训、学生社会实践活动，把军训作为培养学生爱国主义情感、增强国防观念和纪律意识的重要方式，学生通过参加社会实践活动，广泛接触社会，增强服务意识，培养开拓创新精神；还要积极开展党、团组织活动，发挥学生会和研究生会的桥梁和纽带作用，确保德育活动生机勃勃。

六、建立衔接保障机制，强化德育管理

一是要制定统一的德育大纲，从制度上确保中高职德育的有效衔接。当下承担五年一贯制高等职业教育的学校都是之前的中专（技）校，以往主要开展对未成年人的德育工作。五年制高等职业教育德育脱节问题在很大程度上是德育大纲本身存在缺漏导致的，诸如德育目标层次不明确、德育内容重叠等问题，进而延伸至五年制高等职业教育德育实践中。因此，国家需要组织专家、学者进行有针对性的专业调研，对现行的德育大纲进行修订，并基于当前客观环境制定具有针对性的五年一贯制高等职业教育德育大纲，为中高职德育的无缝对接提供制度上的支持。二是要构建五年一贯制分层德育衔接保障机制。尽管五年一贯制高等职业教育德育需要分层实施，但学校仍然要设置专门的职能部门，完善分层德育领导体制和工作机制。

第五章 五年制高职分层次德育的思考

第一节 五年制高职分层次德育起点分析

一、五年制高职新生道德认知发展水平分析

一般而言,学校以及社会对五年制高等职业院校所招收的应届初中毕业生道德水平的评价要低于普通高中新生。据统计,道德发展真正处于较低水平的学生不会超过总人数的10%,并且其原因也不尽相同。柯尔伯格基于发展心理学角度,对人们的道德发展进行了研究,提出了道德认知发展论的核心理论——发展阶段理论。他将道德认知水平分为三个水平和六个阶段。前习俗水平包括服从与惩罚定向、天真的利己主义阶段。处于本级水平的孩童,常常是依据具体行为的实际效果而非确定的道德标准或社会准则来进行判断的。习俗水平包括做个好人和尊重权威与维护社会秩序定向阶段。孩童已经能够理解遵守家庭和社会要求的意义,但会忽略行为的直接和表面结果。后习俗水平包括履行准则与守法、良好的道德定向阶段。孩童正努力构建自己的对道德价值和原则的理解体系,在实际运用过程中会超越通认原则,较多考虑道德本质,而非其形式。表5-1为柯尔伯格道德的道德认知发展阶段理论。

表5-1 柯尔伯格的道德认知发展阶段

水平	阶段	道德推理的特点
前习俗水平	1	以惩罚与服从为定向
	2	以朴素的利己主义为准则
习俗水平	3	以人际和谐为准则
	4	以社会秩序和法则为定向
后习俗水平	5	以法定的社会契约为准则
	6	以普遍的伦理原则为定向

（一）少数学生的道德认知发展水平仅能达到道德认知发展水平的第二阶段

据调查，不到10%的五年制高职新生在经历两周左右的适应期后，便逐渐出现诸如上课迟到、早退、旷课、吃零食、听音乐、发短信、看视频、玩抖音、打游戏、打瞌睡、读课外书以及拒绝参加班集体活动等现象，对班主任和任课教师的教导逐渐表示出冷漠、排斥、抵制、对抗等。进一步关注此类学生的业余生活可发现，他们的业余时间主要被穷逛瞎逛、游戏、上网、睡觉等占领。他们除了关心"自己美不美、帅不帅""怎么得到钱""去哪儿玩、找谁玩、玩什么"等时下享乐主义的"时髦问题"外，对诸如个人之学业、社会之政治、经济之发展，甚至自我之发展、父母之感受、社会之评价等现实问题漠不关心。这说明五年制高职新生中一些学生的道德认知发展水平仅达到道德认知发展水平的第二阶段，即处于以朴素的利己主义为准则的阶段。处于这一阶段的学生，以自我为中心，按照满足自身需求与快乐的原则来衡量道德问题。他们认为只有那些满足自己的利益和需求的才是正确的。即便他们已经具备区别自身和他人利益的能力，也依旧认为个体皆是唯利是图的，所以会对主流价值观产生无视、反对甚至排斥的情绪。

（二）大多数学生基本上达到了道德认知发展水平的第三阶段

绝大部分五年制高职新生能够做到按时上课、遵守校规、与人正常交往、参与班集体建设，走读生放学后能准时回家，住宿生能按要求上晚自习等。他们能接受班主任和任课教师的教育引导，然而缺乏将其内化为自我意识并转为自觉行为的主动性，对教师布置的任务需要持续的外力监督才能完成。这说明其道德认知的发展水平基本达到道德认知发展水平的第三阶段，即处于以人际和谐为准则的阶段。在这个阶段，学生基本能遵照家庭、组织或社会的期望去做事，并认为集体的需要是有价值的。在道德判断中，既会考虑人际关系对个人的影响，亦会考虑人际关系对集体、家庭成员以至社会和国家的影响。他们能意识到人际关系的重要性，认为主流意见和习俗观点是正确的，因此能对他人的感情给予相应的关注，希望和别人处理好关系，遵守集体的规则。对于他们而言，所谓对的行为，就是不辜负他人的期望，做个好人。但他们依旧存在着发展定位不明确，动机抱负水平和思想道德境界不高，对学习和工作缺乏积极主动的态度，尤其是和班主任、任课老师基本没有主动、积极的互动等情况。

（三）少数优秀学生达到了道德认知发展水平的第四阶段

有少数学生（一般占学生总数的10%左右）从一开始就表现出较高的道德发展水平。他们定位准确，发展目标明确，意志力坚强，能主动担责，并和同学、班主任、任课老师积极沟通。他们对家长、班主任和任课老师的教导认同感很强，能反思自己的言行，并体现于实际行动改造中，这说明其道德认知发展水平已达到了第四阶段，即处于以社会秩序和法则为定向的阶段。这个阶段的学生业已接受了一种制度化的观点，能意识到伦理原则的普适价值。其言行特征表现为服从权威、规则和社会秩序，认为尽自己的努力、尊重权威、维护社会秩序便是正确的言行，并基于自己在社会中的地位来确定自身的角色、所要遵守的规则和人际关系，否则便会深感愧疚。

二、五年制高职新生在道德认知发展水平上产生明显差距的原因

（一）少数学生能达到道德认知发展水平的第四阶段的原因

此部分学生的家庭成长环境良好，家庭氛围民主且不失权威。家长具有良好的榜样示范作用，关注子女的成长，对子女的期望合理务实。学生有较多机会参加各种社会交际活动，尤其是与成功人士的交往，因而其眼界较为开阔，抱负水平比较高。虽然能力水平有限，但受益于良好的学习态度和习惯，加之家校沟通畅通，因此其能得到教师较多的关注与激励。他们在道德、心理、社会适应等方面都获得了一个较为健康的成长环境。

（二）多数学生能达到道德认知发展水平的第三阶段的原因

这些学生能达到道德认知发展水平的第三阶段，说明其之前接受的家庭教育和学校教育基本正常。其道德认知发展水平未能提高至上一档次的主要原因在于：

（1）受限于家长的道德发展水平，学生未能在家庭教育环境中接触更高层次的言传身教。

（2）家长对子女期望较低，不能进行有效的精神激励，未找到有效的引导方法。

（3）学生的能力水平限制了其抱负水平。

（4）表现一般的学生易为"着重两头"的传统德育所忽视，被淹没在茫茫人海之中，难以获得教师更多的关注与激励。

（三）少数学生只能达到道德认知发展水平的第二阶段的原因

10%左右的学生只能达到道德认知发展水平的第二阶段，表明这些学生的道德认知发展水平较其生理年龄要滞后3~7年，他们自小学三年级或进入初中以后，其道德认知水平几乎不再有进一步的发展。究其原因，可以得出这样一个共同特点，不当的家庭教育、学校教育致使这些学生在正常社会化过程中出现道德认知发展的相对缺失或中断。

1. 受学校教育的影响

受应试教育的影响，部分学生由于未能培养良好的学习态度和习惯，未能较好地遵守校纪校规，被教师视作后进生而另眼看待。部分教师甚至限制其与先进生交往，在客观上为这些身处人生发展关键期的学生制造了一种精神迫害的氛围，导致学生产生逆反心理，甚至形成反社会的人格特征。

2. 受家庭环境的影响

（1）一些学生家长自身道德素养较低，无法做到言传身教。

（2）部分学生家长未能选择科学的家教方式：对子女放任不管，错失其德育塑造的关键期；对子女过于严厉，挫伤其发展积极性；对子女过分溺爱，在引导孩子解决学习困难上持放任态度，在引导孩子处理人际关系上持放纵态度，严重制约了子女健全人格的塑造和道德的健康发展。

（3）有些学生的家庭环境过于封闭。这些学生家长或基于家庭经济条件和社会地位上的某种心理优越感，或对孩子的期望值过高，或处于对子女的过度保护心理等，经常限制甚至阻止子女与他人交往，导致子女错失了社会化的关键时期。

（4）还有些学生来自内外部人际关系出问题的家庭。内部人际关系问题以父母离异为典型。父母之间高度紧张的人际关系特别容易导致孩子对正常的人际交往产生恐惧感。外部人际关系问题主要体现于贫困家庭。贫困家庭的孩子比较敏感。他们为了避免遭受新的伤害而将自我封闭起来，长此以往，就会形成封闭型人格，从而阻碍自身道德成长。

3. 受社会环境的影响

学生处于十三四岁时，开始进入心理上的断乳期。此时在学生心目中，家长和老师的权威在逐渐的淡化。学生对家庭和学校已不再像之前一样拥有强烈的认同感、归属感，会将寻求心理支持的重心由家校内部转向社会外部。此时学生特别容易受到各种社会非正式群体的不良诱惑，其心理的文化认同感由原先的社会主流文化逐渐倾向于各种社会亚文化，部分学生甚至形成反社会人格。

三、五年制高职新生德育策略探讨

（一）德育必须及时介入，德育工作者必须迅速确立权威

绝大多数五年制高等职业院校新生心理刚处在断乳期，他们既缺乏对主流社会道德权威的基本认同，又未形成自主成熟的道德判断，存在极大的盲从性。新生进入学校后，除了校园环境、教学硬件设备以及新同学基本情况之外，能迅速引起他们关注的便是校风、学风以及班主任、辅导员和任课教师的教育教学能力。十五六岁的孩子好奇心、好胜心都比较强烈，部分学生已有一些不良嗜好和习惯，他们会对班主任、辅导员和任课教师进行各种试探、挑战。班主任、辅导员和任课教师必须提前准备、提早介入，以自己的权威来迅速填补学生道德发展过程中的权威空白，以自己的引导来迅速弥补此年龄段学生道德判断能力的不足，尽最大可能抵制社会不良文化对其产生的负面影响，特别是要阻止不良同龄群体结成，从而为道德育化学生创造更好的环境。

首先，德育工作者对学生要严格要求。万事开头难，虽然德育工作者理应

对学生保持良好的期望，德育工作也应讲究民主作风，但是失去权威的民主必将导致德育失败。其次，开学几周内德育工作者要将工作做细做实，培养学生良好的行为习惯，杜绝在开始阶段便给学生开启任何可以尝试错误的空间。再次，德育工作者对学生犯错要迅速做出反应，准确判断，果断处理，绝不姑息，不给歪风邪气以任何抬头、蔓延的机会。最后，德育工作者要充分意识到权威来自自身出色的专业能力。所以，每次直面学生时要做好充分的准备，在最大限度内弥补个人工作经验的不足。

（二）针对处在不同道德认知发展阶段的学生要采取不同的德育方法

针对大部分处在道德认知发展水平第三阶段的五年制高职生来讲，最主要的问题是其道德行为背后的动机水平较低，缺乏系统的道德理念以及成熟的价值判断，在一些情况下会表现出机械自然行为，而置身于另一些环境里则又表现为盲从反应。针对这些学生，思想道德教育的重点是为他们创造一种能促进其开展正确价值判断的由众多道德系列情境组成的"德育场"。德育工作者只需做到每期推出新的话题，并进行富于激情的深情讲述，便能构建出一种有助于学生积极健康向上的学习氛围。由此，一种足以对学生施加潜移默化作用的德育场便构成了。

同样地，因为这部分学生在过去的学校生活中较少得到教师的关注和激励，存在某种情感饥渴，因此德育工作者必须摆脱"着重两头"的传统工作思维，要对这些学生保持足够的关注。这样做最大的效果便是能争取到大多数学生的健康发展，从而为良好班风的形成奠定最坚实的基础。班主任以及任课教师可利用课余、饭后或宿舍检查等一切有利间隙，经常和这些学生拉家常，谈一些大家感兴趣的话题，使对学生优点的肯定及对学生发展的建议等都能在一种自然轻松的状态中不露痕迹地完成。这样既不会过多耗费教师的时间与精力，又特别容易使学生建立起对教师的亲切感和信任感，愿意接受教师的教育和引导。事实证明，这是激发大多数学生的道德情感并使之升华为道德信念的有效工作方式。对于处在道德认知发展水平第四阶段的学生，虽然他们已能把社会观点和人与人之间的赞同或动机区别开来，但这种区分的能力主要来自其家庭独特文化背景的影响，尚未达到原则化的水平，其行为的选择仍有较为明显的主观性，且以情绪为基础，反映出其总体的认知水平不高。所以教师要经常结合学生的实际，采用形势教育、适度的理论阐述、榜样分析等具有思辨性的教育形式开阔学生的视野，帮助他们学会全面深入地理解和思考，以提升他们的道德自觉性。对这类学生的评价，也要采用全面评价的方式，既要严格要求，又要给予充分的信任。要用发展的眼光，鼓励、支持、爱护学生，即便是在必须做出批评的情况下，也要注意批评的方式、方法，绝不能因为学生一时之过而伤害其自尊。对于少数仍处于道德认知发展水平第二阶段的学生，鉴于其道德发展不足的原因主要是社会化过程的不充分,并且大多伴随着各种各样的心理问题,可结合心理疏导的方法来开展思想工作。其一,教师要有足够的耐心和同情心。做这些学生的思想工作,主要会遇到以下三种困难:首先是沟通不畅,其次是学生表现时好时坏、反复无常,再次是少数学生产生逆反、抵触心理。这便要求教师先要加强自身道德修养,努力使自己能有一颗善待每一位学生、关心每一位学生长远发展的职业良心。同时要提升自身心理素质,尤其是在面对学生的各种问题时要始终保持情绪稳定,至少能控制住自己的情绪。其二,教师要掌握沟通的技巧。思想道德教育工作能否见效,在很大程度上取决于学生能否主动和教师真诚交流,切忌教师滔滔不绝,而学生默不作声。所以,在遇到不肯主动开口的学生时,教师可先揣测其内心的真实想法,再通过连续假设法来观察其变化,激其反驳,打开交流的渠道。教师要态度诚恳,始终保持心平气和,容忍学生的争辩与反驳,对错误揣测要及时承认,并适当采用一些表示亲切、关爱的肢体语言,让学生感到被尊重。其三,教师要争取家长的配合,找出问题的症结所在,然后对症下药。既要引导好学生本人,又要及时消除诱发问题产生的不利环境。因此争取家长的积极配合便成为非常关键的因素。

总而言之,师生关系理应是一种温暖的、彼此信任的关系。开展思想道德教育工作必须以达成师生共同协作为目标,所以尤其要注意开展德育工作的态度和方式、方法。思想道德教育工作的质量和效果,集中表现于教师和学生之间是否能构建起某种亲密、信任、富有建设性的关系。德育工作者除了要真正做到晓之以理、动之以情、导之以行外,还要注重维护学生的尊严,安定学生的情绪,切忌因开展德育工作方法的不当,激发犯错学生产生不合作甚至对立的情绪。

第二节 五年制高等职业院校分层次德育模式建构

一、分层次德育模式的界定

所谓分层次德育模式,即将五年一贯制高等职业院校的学生思想道德教育工作的重点和途径依照一定的标准要求进行划分,构建科学清晰的五年一贯制高职德育工作脉络体系,使其富有针对性、实效性。

德育的分层不能完全等同于普通的社会分层,但可参照韦伯的多元分层理论来进行。这是由于多元分层理论可以较为全面、准确地反映学生接受学校德育的实际情况。

第一，先按学生的年龄层次划分。此种划分应该只是相对的，一年级学生大多未成年，二年级学生则处于未成年人向成年人过渡的阶段，三年级以上的学生大多步入成年人行列。以此进行首次具体分层，即低年级（一至二年级）为第一层次，高年级（三至五年级）为第二层次。

第二，再按学生的学习场所划分。高职院校学生的学习场所不可能一直固定。低年级学生的主要学习地点是教室，三、四年级学生的主要学习地点是校内实训基地，五年级学生的主要学习（实习）地点是企业。因此，五年一贯制高等职业院校学生思想道德教育工作也要契合这些特征，进行二次分层，即将高年级（三至五年级）再次细分为两个层次。具体分层见表5-2。

表5-2　不同年级学生的特点汇总表

层次	年级	学生特点
第一层次	一、二年级	未成年人向成年人过渡阶段 初中学习向高职学习过渡阶段
第二层次	三、四年级	成年人阶段 校内学习向社会实训过渡阶段
第三层次	五年级	成年人阶段 社会实训向社会工作过渡阶段

思想道德教育工作的对象和主体是学生。构建分层次德育模式要紧紧围绕学生的发展变化特征适时地调整工作重心，不断地探索新的工作途径，为每一个学生的健康发展营造良好的成长环境。需要说明的是，我们提出的德育分层不是断然割裂德育工作内在逻辑链，而是在每一个层次对学生发展的关注点和德育工作途径各有侧重。第一层次到第三层次构成了五年制高职德育工作的整体。

二、分层次德育的目标与内容

人是社会的人，具有主观能动性。学生的这种主观能动性特点决定了其既是教育对象，又是自我教育和发展主体的双重身份。青少年学生身心发展尚未成熟和定型，各项发展指标尚处于不断变化之中，具备极大的发展潜力。德育工作者只要掌握学生的年龄特征，遵循学生身心发展的客观规律，就能使学生朝着正确的方向发展、完善。具体分层次德育工作实践内容见表5-3。

表 5-3　高职不同年级层次的德育目标

层次	学生发展目标	德育工作重点
第一层次	1. 了解专业 2. 适应高职生活 3. 养成职业规范	1. 指导学生初步完成职业生涯规划 2. 在班集体建设中培养学生的管理能力、与人和谐相处的能力
第二层次	1. 了解社会 2. 学习专业技能	1. 指导学生调整职业生涯规划 2. 在社会实践活动中培养学生自我管理的能力、与人合作的能力
第三层次	1. 适应社会 2. 自我管理、自我发展	1. 指导学生反思职业生涯规划 2. 就业教育与创业指导 3. 在顶岗实习管理中培养学生的生存能力

从表 5-3 不难发现，五年制高等职业院校的分层次德育模式与学生的发展规律特征紧密相关，同时基于职业教育的特点将德育工作的重点放在学生个体的成长方面。第一层次着重培养低年级学生良好的行为习惯和专业意识；第二层次重点引导学生培养自主管理能力与职业意识；第三层次侧重夯实毕业生专业思维以及社会适应能力，提升学生的综合素养，增强学生的就业能力和创业能力。

三、分层次德育的实践原则

首先，学校必须坚持教育与管理相结合的原则。在分层次德育模式的实践过程中，逐渐完善学校思想道德教育管理体系以及自律与他律互为补充、相互促进的思想道德教育管理机制，并能综合运用宣传、监督、评价等多种教育方式。

班集体作为学校教育的基层组织，是学生学习成长的主要载体。思想道德教育基层的工作重心便是基于班集体的建设来构建学生职业规范意识。因此，学校可通过开展诸如星级班集体创建等活动来达成这一目标，提出初阶层次班级创建五星级班集体，进阶层次班级创建六星级班集体，将星级班集体的创建与学生规范意识的养成和自我管理能力的增强结合起来。创建内容应涵盖遵纪守法、刻苦学习、文明礼仪、宿舍卫生、团建活动和自我管理六项星级指标。

学生社团是由在校学生自发组建的群众性组织。作为第二课堂的社团的活动是第一课堂教学活动的必要补充和必然延伸，是高职生进行"自我教育、自我管理、自我提高"的一个非常重要的组织形式，是校园文化不可缺失的重要组成部分，是培育学生兴趣、激发其求知欲、开拓其知识面、陶冶其思想情操、展示其魅力才华的广阔舞台。

为了加强并完善第三层次学生实习、就业推荐以及实习管理工作，学校应设立专门的实习就业专员以及毕业班联络员岗位。五年级学生进入毕业实习阶段，主要由实习就业专员和毕业班联络员共同负责管理。毕业班联络员可由班主任担任，若班主任因故不能担任这一职务，则可由系部指定符合条件的其他老师担任。实行实习就业专员与毕业班联络员制度可以在学生就业指导、实习动员、面试培训、推荐实习、实习管理、落实签约等方面取得事半功倍的效果。

其次，学校必须坚持"以学生为本"的原则。教育教学过程就是作为教的人引导学的人学习，使学的人实现发展的社会活动。思想道德教育工作的对象和主体就是广大学生，开展德育工作的主力则是一线的班主任、辅导员。然而，在各层次内，班主任、辅导员应当怎样以学生为主体来明确思想道德教育工作的重点，学生又应该怎样在高职校中实现自我发展的目标呢？这便是分层次德育模式实践的关键所在。全部研究与实践都必须基于学生全面发展的目的，以培养学生良好的专业意识、职业素养和就业能力为重点，妥善处理好社会需求、学校发展和学生成长之间的矛盾关系。

四、分层次德育管理的措施

（一）对五年制学生进行分区域管理

各校应依据实际，对五年一贯制高职生按照一、二年级以及三、四、五年级划分施教区域，进行教育教学管理。因低年级学生还未成年，对其宜采取全程化管理的模式，依据专业及系部进行相对集中的划分。对三、四、五年级的学生则可采取走班的方式，配备先进的教学管理技术设备，全天候开放阅览室、图书馆等，并开设部分自修教室和学生活动室，供这些学生在业余时间开展学习和实践活动。

（二）分层次德育管理的内容

学校应以中共中央、国务院《关于进一步加强和改进未成年人思想道德建设的若干意见》（中发〔2004〕8号）为依据，对一、二年级学生实行全程德育管理。早读课时班主任要进入班级记录学生的出勤情况，对未按时到校的学生应立即联系家长，并将相关情况逐级上报。在自修课尤其是晚自习时，班主任必须严格执行考勤制度。对高年级学生，学校应以中共中央、国务院《关于进一步加强和改进大学生思想政治教育的意见》（中发〔2004〕16号）为依据，主要采取学生自主德育管理模式，积极引导学生科学、合理地安排自己的业余时间，对早读、早操、自修课、晚自习均不做统一要求。学生可以根据自身的需要进教室、阅览室、图书馆等。教师在教学中应引导学生自主学习。五年制高等职业院校对已成年的学生要多开展责任意识教育和职业生涯规划教育。

（三）分层次管理的形式

对低年级学生学校应继续实行班主任管理制度，重点对学生进行文明礼仪习惯的养成教育。对三、四、五年级学生实行辅导员制度。辅导员按照高职院校《辅导员工作条例》开展日常的管理工作。学校可以安排高年级学生党员担任辅导员助理，协助辅导员老师更深入、更全面地开展好学生工作，锤炼高年级学生的工作能力，以实现高、低年级学生之间的交流与互动。重点培养学生的自主意识，切实增强学生自主管理的能力。加强学生社团建设，建立学生社团工作网站，积极开展丰富多样的社团活动，为学生搭建自我展现才能的舞台。聘请专家、学者来校做各学科领域的讲座，大力推进道德教育、文化教育、历史教育、心理教育及专业素质教育。积极开展各种形式的下企业、进社区活动，引导学生确立奋斗目标。五年制高等职业教育从能力本位发展到当下的人本位，其价值取向也演变为知识、能力、态度取向的统一，即以能力为前提，以知识为基础，以态度为根本。五年制高等职业院校若要基于社会、企业对技能型职业人才的需求进行深入的研究和创新，学生分层次德育管理便是一种积极的尝试。

第三节　五年制高等职业院校分层次德育实践策略

一、五年制高职学生分层德育工作现状分析

（一）生源特点

首先，五年制高职学生在初中阶段因未能掌握有效的学习方法，成绩不太理想。他们受到的肯定与激励较少，容易产生较为严重的自卑心理。其次，这些学生年龄大多在14～18周岁，正处在心理发展的关键时期，叛逆心理和自卑心理较为强烈。由于各种原因，这些学生的责任观念和集体荣誉感淡薄，自我管理、自我约束能力较差，人际关系也并不和谐，他们的成就感、求知欲、自尊心、自信心和综合素养等方面的水平明显低于同龄普通高中生的水平。

（二）技术、技能培养目标上的双重性问题

前两年是中等职业教育阶段，培养目标对应企业一线工作岗位的操作工即技能型劳动者。后三年为高等职业教育阶段，培养目标对应技能型、应用型人才，即企业中的班组长式人才。

（三）学校工作方面的差异性

在学生德育管理工作中，中职普遍采取圈养模式，高职则基本采用较为开放的辅导员指导下的自主管理模式。对中职学生，德育工作侧重对其进行行为习惯的养成教育，通常对学生的言行举止给出具体的规范性标准；对高职学生，

德育工作则更提倡以人为本，提倡学生进行自主管理。

二、五年制高职开展德育工作的分层次德育目标

《教育部关于推进中等和高等职业教育协调发展的指导意见》（教职成〔2011〕9号）明确指出，要注重中等和高等职业教育在培养目标、专业内涵、教学条件、教育教学管理等方面的延续与衔接，要不断创新学生管理工作方法和方式，以适应新形势下五年制中高职一体化学生的新特点，提升学生管理工作的总体水平，促进中高职一体化教育的协调发展。

分层次开展思想道德教育工作体现了德育的系统性与成长性，在具体开展过程中，既实施了各层次的德育内容，又兼顾了中高职学段的连续性和系统性，使中高职两个层次的教育循序渐进、互为补充，融为一个有机整体。具体的分层次开展思想道德教育工作建议如下。

一年级上学期：入学、校情、礼仪、校规校纪、爱国、集体生活教育。熟知校情，遵守学校纪律，团结友爱，礼貌待人，适应集体生活。

一年级下学期：学习、安全、集体荣誉、文明养成教育。了解校园安全规程，积极参加学校组织的活动，具有集体荣誉感，讲卫生，懂礼貌，养成良好的文明行为习惯。

二年级上学期：专业认知、集体主义、理想信念、网络道德教育。了解所学专业，增强集体的凝聚力，确立理想，有效利用网络，学会保护自己。

二年级下学期：社会公德、学习生涯、志愿者服务意识和社会实践教育。遵守社会公德，合理开展学习生涯设计，具有良好的文明素质，理解社会礼仪，积极参加青少年志愿者服务和社会实践活动，增强社会服务意识。

三年级上学期：专业实践、实习安全、家庭美德、挫折、竞争意识教育。增强实习的认识，增强专业实践中的安全意识，具有良好的家庭美德，正确面对挫折，有效地解决困难，增强合理竞争的意识。

三年级下学期：职业理想、团队协作、国家法律法规、社会主义市场经济、审美、劳动教育。增强团队协作意识，遵守国家法律，认识市场经济的规律和我国市场经济概况，具有科学的审美观，热爱劳动，尊重劳动成果。

四年级上学期：世界经济形势、职业生涯设计、社会现代意识、时代精神、自我心理调节、社会适应教育。正确认识世界政治经济形势，开展职业生涯设计，树立竞争意识和效益意识，具有适应时代的心理意识，能科学地自我调节。

四年级下学期：个人品性、自我意识、职业道德教育。做到诚实守信、自尊、自重、自信、自立并且尊重他人，做好职业发展规划。

五年级上学期：法制、创新、职业观、创新创业、社会环境、挫折、人际关系教育。做到遵守管理规范、企业制度、国家法律，具有正确的职业操守，

尊重企业文化，树立正确的择业观、就业观，学会创新。

五年级下学期：职业素养与职业道德教育。

三、五年制高职分层次德育实现途径

（一）弘扬"为人民服务"精神，培育和践行社会主义核心价值观

学校可开展丰富多彩的校园文化活动与志愿服务活动，潜移默化地熏染学生的思想言行和习惯作风，切实引导学生将为人民服务思想内化于心、外化于行，践行社会主义核心价值观，促进学生思想道德素养和自身文明素质的全面提升。

1. 全方面贯彻为人民服务的思想

学校可从人才培养方案到教案、课堂、学生活动等多方面开展为人民服务思想的教育，如在人才培养方案中规定"思想道德修养和法律基础""毛泽东思想和中国特色社会主义理论体系概论"课程中要增设为人民服务思想专题教育内容。教师要制作包括PPT课件、案例库、视频库等在内的多媒体教学软件。在思想政治课程教学中，教师要从听、说、看、读、写、察六个角度开展为人民服务思想专题教学。同时，学校可采用社团化运作模式，实行学生自我管理、自我服务、自我教育，打造主题教育系列和校园公益服务系列学生品牌活动，使广大学生在参加各项实践活动中把为人民服务精神内涵"入耳""入脑""入心""入行"，实现以活动教育人、以活动鼓舞人、以活动引导人。

2. 召开专题研讨会，弘扬为人民服务的精神

学校可积极开展为人民服务的师生专题研讨会和以"弘扬为人民服务精神，践行社会主义核心价值体系"为主题的征文活动，大力弘扬服务人民、助人为乐的奉献精神，弘扬干一行爱一行、专一行精一行的敬业精神，弘扬锐意进取、自强不息的创新精神，弘扬艰苦奋斗、勤俭节约的创业精神。

（二）建立以"人的全面发展"为目标的学生德育"显性＋隐性"课程体系

1. 建立"岗证课一体"的显性德育课程

学校应构建思想政治课、就业指导课、法制教育课、学生社会实践课程、劳动实践课程于一体的显性德育课程体系。对于未达学分标准的学生，班主任、辅导员要进行预警提醒，并将其学分纳入毕业资格审核范围之内。

2. 建立融"指导、实践、养成"一体的隐性德育课程

隐性德育课程包括养成体系课程与实践体系课程两部分，其中养成体系课程包括德育学分管理、学业预警管理、学生创新项目等。实践体系课程则涵盖了学生事务服务中心、学生新闻中心、学生志愿服务中心、学生形象指导中心等开展的实践服务活动。学校要通过融合指导、实践、养成的显性课程与隐性课程，促使学生增强自我管理意识，帮助学生在知、情、意、行诸方面协调发

（三）利用"互联网+"建立全方位、全过程的行为养成与考核管理体系

1. 构建一个可视、可控、可持续改进的开放系统

学校要全程记录学生在校信息，通过网络实现师生、家长、用工单位的大数据信息共享，充分利用信息资源来实现育人目标；多点采集学生信息，搭建信息终端，形成工作责任主体明确的格局；收集来自专业教师、辅导员、学工处、保卫处、后勤集团、宿管中心、学生社团、实践企业等多个评价主体的信息，更全面地掌握学生动态，发现学生的问题，以便更有针对性、更加细致地开展德育工作，引导学生健康成长。

2. 利用"德育学分银行"对学生进行量化的行为养成与考核

学校要搭建学生行为养成管理平台，从学生一入校就告知每个学生各项教育教学管理规范，并将学生在校期间取得的成绩以及所有表现详细地记录于信息档案平台，给予学生从入学至毕业全过程、全方位的关注，引导学生养成终身受用的良好品质，为学生积累受益一生的精神财富。利用"德育学分银行"积分，将德育教育用量化的德育实践活动来表现。"德育学分银行"具体设置项目分为加分项目与减分项目。学生不文明行为、迟到旷课等为减分项目，而学生在校参加各项活动及获奖等为加分项目。学生的"德育学分银行"积分每年不低于一定分值，五年不低于一个标准分，才能获得毕业资格。学校可利用"德育学分银行"，实现德育的知行合一，培育德技双馨的现代职业人。

3. 利用大数据为学生提供个性化的服务与管理

大数据要覆盖全体学生。学校要通过组合、对比这些数据为学生制订和实施个性化的管理方案。首先，利用大数据平台所反映的学生个人基本信息以及学生电子档案信息来解读学生的个性，如在学生电子信息档案中设置学生生活日志、德育学分银行积分、职业生涯规划、社会实践学时、职业（技能）资格证书、学习生活计划、图书馆资源利用、个人消费信息、就业意向去向等栏目，为更精准地给学生提供个性化、人性化的管理服务打下坚实的基础。其次，通过大数据制订和实施个性化的管理方案。通过学生工作实时数据平台系统，德育工作者们能查阅全体学生的基本信息。① 学习状态管理：如成绩不合格学生比例、工作实践学分未达标准学生比例、顶岗实习评价不合格学生比例、参加创新项目学生比例、毕业设计优秀与不合格学生比例等。② 行为养成管理：如旷课、请假、早退、迟到、晚归学生比例，受表彰、受处分学生比例等。③ 成长成才服务：如勤工助学、社会实践、志愿者服务、参加社团比例等。④ 工作记录：如预注册与未注册人数、贷款逾期与即将到期人数等。⑤ 突发事件：如辅导员、宿管员、特勤员报送突发事件数等。通过对上述数据的分析比较，德育工作者们能够制订出个性化的学生管理方案，还可针对具体问题制定出具体

应对措施。例如,班主任、辅导员在系统中针对"寝室熄灯情况"设置"学生月志问卷调查分析",如设置"你晚上通常几点睡觉""熬夜的主要原因"等问题,掌握学生晚归、晚睡和早上迟到等的原因,为实施关灯、断电、断网等措施提供数据支持。

(四)以校园生活为主线,构建职业实践活动体系

1. 基于校园生活实景设计实践情境,建设好学生职业实践社团

职业实践社团是学生社团的一个重要组成部分,是基于学生共同的兴趣、爱好、志向而自发组织的具有较强职业导向性的学生社团,对增强学生实践能力、稳定学生专业志向、提升学生职业素养都能起到重要作用。学校应根据校园生活实际,设计职业道德实践情境,搭建暑期社会训练营、校外兼职、学生艺术团、勤工助学团等职业实践社团活动平台,并要求每个学生自进校起直至毕业,至少参加一个学生职业实践社团。

2. 将学生劳动实践学分纳入人才培养方案,开设劳动实践课程

学校应积极推进校内劳动实践课程学分制度。学生参与校内劳动实践课程的学时、学分均应按规定上传到学生实践管理系统,由班主任、辅导员进行审查。对于未按时、按量参加校内劳动实践课程的学生,班主任、辅导员要预警提醒,并将劳动实践课程学分纳入毕业资格审核范围之中。

(五)依托企业文化,构建职业素养和人文素养的文化校园

学校应将优秀的企业文化创造性地运用于教学、实训等环节,使学生在校学习期间便能受到企业文化的熏染,养成积极的职业理想、职业态度、职业道德和职业素养;通过校企合作等渠道,开展内容丰富、形式多样的顶岗实习活动和社会实践活动,激发学生职业兴趣,引导学生精研专业技能;积极搭建先进装备制造行业、新能源行业的教育平台,促使学生尽快了解各行业的发展,自觉接受行业文化氛围,顺利完成从"学校学生"到"行业员工"角色的转变,最终形成正确的就业观,毕业后能够热情就业、激情创业;积极挖掘本土地名文化和名人轶事,将教育资源纳入课程体系建设;举办"家乡美"征文比赛和主题演讲活动,并将其融入校园文化特色活动,丰富校园文化内容,引导学生热爱地方文化。

(六)建设五年制高职德育课程教学信息化空间

1. 寻求资源,为德育课程教学空间信息化建设增动力

德育课程教学空间信息化建设必须贴近德育教师。转变教师的教学观念,让教师主动接受并采取新型的、富有挑战性的教学形式。同时学校要加强对德育工作者教学空间建设的指导与培训,采用各种方式寻求资源,如开拓校本培训、骨干教师培训、教研室沙龙等多种形式与渠道。其中校本培训可以邀请专家和计算机专业教师,让德育教师集中一段时间全身心地投入信息化知识和技

能的系统学习中。也可积极利用教师的闲暇时间，依据教师信息化教学的实际水平，分层进行针对性教学答疑。对骨干教师的培训，则主要通过校外进修等方式，由其完成点的任务，再带动面的发展，充分发挥骨干教师的示范作用。

2. 融汇资源，为德育课程教学空间信息化建设增特色

作为德育的主渠道，如何在教学空间信息化建设的基础上实现德育效果是德育课程要深入探讨的。依据德育大纲要求，德育课程教学要遵循贴近学生、贴近生活、贴近实际的"三贴近"原则。这就要求德育课程教学空间信息化建设要贴近专业，聚集各方资源，打造专业特色鲜明的德育教学空间信息化平台。德育专业要符合实际，贴近学生生活，契合学生成长规律，坚持正确引导，不能误导。所以德育工作者要对教学资源进行必要的筛选与设计，做到真正"三贴近"，同时要善于发现"他山之石可以攻玉"，保证资源聚集的有效性。

3. 集聚资源，为德育课程教学空间信息化建设增光辉

学校要基于实际情况，在理论与实际两个层面上组织协调各职能部门和教学单位，积极为德育工作提供资源。在政策上要向德育课程教学空间信息化建设倾斜，鼓励教师积极参与课程开发，深入研讨德育专业空间建设，提高德育工作的信息化水平，从而推进学校信息化建设的全面发展。

第六章

"互联网+"时代五年制高职德育面临的机遇与挑战

第一节 "互联网+"时代五年制高职德育的境遇与取向

无论在哲学领域,还是在教育领域,科技力量始终是历史洪流中不可小觑的一支。可以说,历史的本根已深深地浸染了科技的烙印。倘若科技曾经是改变人类的社会巨擘,如今科技便是人类生活的必需品甚至是精神支柱。作为科技进步的产物,互联网是与人息息相关的存在。互联网的普及,引发一系列的道德问题,李克强总理提出的"互联网+"理念,无疑是寻绎道德教育变革的一脉活泉。借由"互联网+"时代的来临,德育的变革也成为社会发展的核心问题,其中德育的取向便是德育发展的关键所在。

一、"互联网+"时代我国德育面临的真实境遇

李克强总理在《2015年政府工作报告》中提出,要"制订'互联网+'行动计划",让互联网+××传统行业变为互联网××行业。"互联网+"所引发的产业革命绝不限于经济领域,在教育领域同样预示着一场变革。价值观和生活方式的多重选择成为趋势,德育的困境也在升级。此乃"互联网+"时代的特征,更是所有社会问题一并凸显的结果。

(一)社会格局从"规矩社会"到"契约世界"

"互联网+"暗示着社会格局因互联网发生了改变。社会格局由单一向多元的转变是"互联网+"时代的突出特征。我国最源远流长的文化是农耕文化,以农民为代表的社会主体尊传统的德性操守为本根,注重仁、义、礼、智、信等道法。以土地为生存依托、以血缘为社会关系之基所构成的差序格局形成了我国文化的精粹及内核。圈子内互通有无,生活状况、家庭户籍、血脉之沿革都彼此知晓,因而"这是一个'熟悉'的社会,没有陌生人的社会"。熟人社会所仰赖的即是一种以血缘和地缘为基础的熟人道德,以"良心"为行事之本,以"廉耻"为行为之纲。熟人社会的林林总总皆"有常"。此"有常"即道德体系下设有一套固定的或较稳定的行事法则。此乃经验的累积,且经由时

代传承的结果。而互联网打破了地域限制,跨越了时空障碍。网络使人们可以"坐拥天下",足不出户却知千里。加上城镇化的进程,人口流动迅速、频繁,原本的熟人社会格局被打破,熟人也变成陌生人。邻里之间已不再夜不闭户,而是开启"关门"模式;"熟人"也不再是"熟人",而是因存在工作、学习、生活关系被迫捆绑在一起的"合作"伙伴。熟人社会与陌生人社会不同,前者是"有机的团结",后者是"机械的团结"。陌生人社会所坚守的"信"已由传统的经验累积所奠立的"规矩"转变为契约,礼俗社会已变为法理社会。"互联网+"时代面临如是境遇:它波及社会各个行业,不限于互联网;但其衍生的新产业,已成为社会主流,故其与互联网又息息相关。因此,德育+互联网是必然的,社会格局必然是"熟人社会+陌生人社会"的结合体,而不是单一体,也必然出现熟人社会与陌生人社会的交替存在和冲突问题。

(二)道德关系格局从"两两直联"到"三者关联"

"互联网+"意味着互联网加入了道德关系。人们交流、学习、工作已不再需要面对面。这一局面导致原先的道德关系急需重构。而道德关系乃道德生活的重要媒介。道德生活中一切除"我"之外的存在,皆能与"我"发生关联,是"我"与众"它"的道德关联。一般的道德关系均是发生在人与人之间的,是一种相遇下、对话中的道德交集,是"我—你"关系,"我—你"交往中所产生的是直接的、面对面的道德。因互联网的加入,原本注重"我—你"对话的道德关系有了新的介质,即"它"。"它"是除人之外的其他物质存在,即互联网。人们的生产、消费、娱乐休闲甚至生活起居都已受到互联网的影响。直接的、面对面的、单一的道德关系格局变成了有"它"存在的格局,这一格局便是"我—它—你"。在"我"与"你"产生交集时,由"它"作为中介,甚至是重要支柱,来完成"我—你"的对话。在"互联网+"时代,"我"为了接近"你",只得通过互联网,让"我""你"相遇,进而才能达成对话。这便是"互联网+"时代的道德关系。

(三)从真实的道德社会到虚拟的道德世界

在"互联网+"时代,道德生活由真实生活和虚拟生活构成,它是一般道德社会和虚拟网络道德世界的综合。道德生活牵涉到人际关系的处理,也涵盖着个体生活的自律和自主。凡人存在于世,其所经历的历史都是真实的,其言行与道德的关系就是个体与一般的真实显现。道德除了是对世界、对自然、对物体的道德,更主要的是人与人、人与群体之间的道德,只有人与人之间的所有相遇是真实的,道德才具有可行性。"互联网+"时代是互联网与其他产业融为一体的时代。在"互联网+"时代,社会已被互联网改写,单一的线下交易转变为线上、线下两种模式。因此,人们不可避免地要在网络上相遇、对话,新的道德区域也就形成了。与真实的道德社会不同,互联网中形成了一个虚拟的道德世界及新的道德体系。这一新的体系既包括互联网所呈现的种种道德问题，也映射着其幕后对象的道德素养。由于其幕后对象具有未知性，此对象的个人情况、言谈举止、活动记录等诸种现象都具片面性，甚至是虚拟的，所以，道德可谓是"看不见、摸不着"的虚幻存在。此虚拟的道德世界，恰恰又是另一种"真实"，即虽然人物关系是虚拟的，人物言行举止是刻意变异的，网络一端与另一端的交往却是真实的，只是过程要依托互联网而已。所以，网络世界的道德仍是发生在真实情景中的，而道德问题是虚拟化的"真实"问题的反射。

二、传统与现代："互联网＋"时代的两种德育取向

为了解决"互联网＋"时代道德领域层出不穷的问题，传统德育与现代德育成为现今道德教育中可能的两种取向。做何选择是"互联网＋"时代德育的重要任务。

（一）教师或学生：德育主体的两种取向

德育主体的取向意味着德育实践过程中必然会涉及教师与学生的地位及关系问题的处理。中国传统文化一直执持着师道尊严的德育观，视教师为德育中的主体。这源于在互联网时代来临之前，教师手中掌握着绝对的德育发言权。稀缺的信息来源管道、单一的社交网络、闭塞的地域格局以及固定的办学模式，这一系列经济、文化、政治因素阻抑了德育主体的选择和转换。已潜存于学生体内的善端能否被挖掘出来，完全仰赖教师的"点化"。公众普遍认为教师必然是知识占有者、能力具备者、德性高尚者。此外，我国传统的"礼"文化尊师者为专业领域的代言人。一日为师，终身为父，教师不仅是知识的代言人。教师作为师者，受到尊重和礼遇是理所应当的。国人对教师职业的崇敬是传统文化的精髓所在，也是我国传统德育主体以师为主的集中体现。在"互联网＋"时代，学生作为主体的地位逐渐上升，师生关系不再受限于"师授生受"的传统模式。随着对学生心理的分析、智力发展阶段的划分、情感模式的解构以及行为的观察与实验等不断深入，社会学、统计学、文化学等理论也不断运用于德育领域，学生主体对于道德素养和道德能力养成的重要价值被确立，因而以学生为德育主体的现代德育取向也逐渐成为以教师为德育主体的传统德育取向的对立面。科学技术的介入引起了德育主体的转移，科学技术本身的进步也促进了德育主体由教师变为学生。在"互联网＋"时代，各项沟通皆十分便利，地域距离在缩小，信息的传播也极其迅速。只有变化是不变的，其他皆处于瞬息万变的永动模式下。故而，把握住社会生存的道德本质，须得由学生自身来完成。学生自身承担着变化的全部职责。

(二)私德或公德：德育内容的两种取向

传统德育与现代德育的内容均十分广泛。传统文化十分尊崇"礼"。《礼运》云："礼义也者，人之大端也。""礼"即处理人际关系的最终目标。此"礼"指人与人、人与社会、人与自然的交际法则。诚如费孝通先生所言，我国礼法所要求的社会关系是一种以"我"为中心而织成的关系网络，可以由亲属关系一直推到无穷尽的人际交往，甚至过去、现在和未来的人。我国传统德育十分注重"我"的自我德性修养即私德，私德的德育体系也较丰富健全。传统德育的"礼"既涉及"洒扫应对进退"之礼，还执持以"孝"文化为核心的传统美德；此外，"礼"十分注重个人修养，讲求"内圣外王"与家庭伦理。在"互联网+"时代，因公民社会的到来，虚拟网络已成为大众的公共平台，公共生活超越私人生活。个人的隐私、日常生活也要被公众用放大镜检视，公共道德一旦涣散，经网络传播，便会造成严重危害。所以，以公德为内容取向的德育刻不容缓。公德教育涵盖社会公德和国民公德，而职业道德教育包含对待工作和服务对象的道德要求。现今，人们对公德与私德的需要皆十分迫切，这无疑是对道德教育的考验。

(三)传授或渗透：德育方式的两种取向

德育的方式千差万别，主要可分为传授式与渗透式。在"互联网+"时代，两种德育方式的弊端各有体现。因互联网的加入，二者的不同愈显端倪。我国传统的德育以传授式为主，直接设德育课程与德育教师，以直接的知识教学为主，以社会实践活动为辅，以"叙述性和规劝性的"方式教导学生从善从德。现代德育主要采用渗透式。无论是注重价值过程自然形成的价值澄清理论，强调道德认知的道德认知发展理论，还是注重道德个体与社会关系的实用主义道德理论，都认同道德教育以较自然、隐匿的方式传达至学生。现代德育常采用问答法、决疑法（类似于道德两难法），让学生置身于道德情境中做价值判断和道德选择。正是由于推崇独立自由的个人主义势力抬头，部分学生道德混乱和迷失自主性。互联网极易成为学生寻找道德观和做出道德选择的快速通道，这一通道无疑是把双刃剑，是道德的入口，也是道德的出口。

三、德育的第三种取向："互联网+"时代德育发展的必然选择

"互联网+"时代来临，德育领域则急需变革。那么，"互联网+"德育，是得到1+1>2的善果，还是1+1<2的结局，抑或是引发1+1>2的问题？这取决于德育的取向。虽然我国已有两种德育取向，但因二者是无法割裂的共生存在，只能以创新的方式完成德育的升级和换代。

"互联网+"的提出，为德育提供了一个"+"的视域，即传统与现代融合的德育视域。这一融合绝非简单的叠加，而是基于"互联网+"模式下对德

育取向的解构和重塑。

（一）德育师生观的传统与现代融合

鉴于杜威与赫尔巴特的现代与传统教育学之分，德育主体的主客二分现象甚嚣尘上，在"互联网+"时代都出现融合的走向。德育是教师与学生的共谋事业，缺一不可。师生的相遇、对话及学生社会谱系中的其他对话，都需师生共同谋划，为的是道德知识、道德情感、道德意志、道德行为的统一发展。传统的师生观利于道德知识和道德情感的传授。教师的言传身教、学生的观摩体悟互为助力，互鉴德行。利用互联网开展德育，学生的师者又多了一位，学生的自主重要性凸显，学生可借互联网习得道德，并于现实观照中显现。但学生在无律—他律—自律—自由这一道德能力发展过程中，并非都是自主自觉的，甚至是茫然无措的。教师的引导、启发作用不可小觑。故而，随着德育问题的升级，师生观未必要取一弃一，也可是传统+现代的融合和再构。

（二）德育方式的传统与现代融合

弗洛姆说："每个社会的构成和运行方式都是由很多客观条件限定的……社会必须在特定的框架结构中运行，否则就不能存在下去。"这一固定框架即我国传统文化。现在经历的"互联网+"时代是德育面临的崭新时代。多媒体形式的教学丰富了德育形式。不断更新的网络德育素材打破了教材的局限。传统不可丢弃，这是我国五千年文化之魂、德育之精髓；现代不可不理，这是时代发展的必然走向、德育的契机。方式是内容的载体，但不能决定内容。技术是方式的基础，而方式可以选择技术。随着技术的发展，方式必然变得更加丰富多彩，而内容必然因方式的改进实现更好的传播。德育方式要守一望多，根据德育内容进行选择。适合传统教学方式的内容，结合互联网技术用传统教学方式进行教学，效率高、效益好。问答法、决疑法等启发性较强、知识性较弱的德育方式可与传统的师生授受式结合，与个体的道德实践结合，能充分激发学生个体的道德能力的成长。对于可以使用互联网为媒介、工具的德育内容，教师应尽量结合新技术展开教学，因为这是未来德育方式的发展方向。与此同时，学校要结合学校、教师本人的硬件与软件实际水平开展德育工作，避免盲目导入互联网技术，造成学校压力大、教师负担重、学生找借口，使互联网成为德育问题的源头和矛盾所指。

（三）德育内容的传统与现代融合

德育内容指涉德育目标，决定着德育取向。在"互联网+"时代，中华传统优秀文化依然是现代中国学校德育的重要内容，将传统与现代割裂开是不可取的。美国学者赫斯利普指出："一个社会的传统价值，能帮助其成员对所持定的道德标准有一种正确的心态。而且，传统价值对道德标准的支持还极大地影响着该社会对其标准接受的机会。"我国传统德育内容，譬如各类诗词歌赋、老庄哲学、孔孟之道、易经哲学等传统是不可舍弃的，更不用说历史故事、二十四孝典籍等，其中无不凝聚着我国传统美德的精粹，无不蕴含为学、为业、为人之道。"互联网+"所呼吁的融合，即现代德育内容+传统德育内容的融合，更强调公共道德。因法理社会、契约社会的到来，现代德育增设了公德教育，这并不是对传统的否定。现代个别理论所执持的传统文化与现代文化不可融合之说，乃不明传统文化与现代文化的意蕴而已。历史是持续发展的，丢弃了传统便丢弃了历史，便是社会的终结。综合传统道德标准与现代道德和法理框架，可为不同德育内容取向做补白性的建设。

第二节 "互联网+"时代五年制高职德育的挑战与机遇

科学技术进步是把双刃剑，既带来了机遇，也带来了挑战。在"互联网+"时代，经济社会发展从"增量竞争"向"存量竞争"转化。我国的学校德育面临着前所未见的挑战，但其中也孕育着德育变革的巨大可能性和时代机遇。

一、"互联网+"时代特有的社会道德现象

（一）社交媒体时代带来选择困惑

"道德"其实就是选择，是对于"是非善恶"的辨识以及做出"弃恶从善""只做对的事情"的决策。在社交媒体时代，语言文字突破了时间和空间的限制，每个人都可以是内容的发布者和接收者。互联网上充斥着海量信息，这既为人们带来了宽阔的视野，也带来了选择的困惑：时间的有限性和内容的无限性的矛盾让选择变得困难，是非善恶的面貌在海量信息中似乎也变得模糊起来。"互联网+"技术的快速应用升级，极大地改变了人们的生活方式，并以迅雷不及掩耳之势把绝大多数人都裹挟进了"不思考、已决定"的洪流：数十年前的"没有选择"之苦不知何时已经变成了今天的"被迫选择"之难。究竟是人占据了互联网，还是互联网占据了人的生活？选择的困惑令人迷茫，也让道德退场。

（二）多元视角干扰价值判断

价值观多元是现代社会的重要标志。当下中国，价值观也愈来愈呈现出多元化的态势，无论个体价值观还是群体价值观，"多元"已成常态。世界各地的奇闻逸事、对于社会事件的争议以及各个专业领域的不同见解，都通过网络以极其迅捷的方式抵达个人手中的电子终端。这些从不停歇的信息轰炸，从形式到内容，毫无疑问地影响着年轻一代的世界观、人生观和价值观。多方见解、多元判断、多重价值、多项选择、多极世界……莫衷一是。成年人尚且困惑迷

茫，青少年面对如此纷繁复杂、良莠莫辨的现实世界，又该如何顺利度过青春期，学校德育又该如何恰当地引领青少年做出正确的价值判断与抉择，这些均需要德育工作者着重思考。

（三）个性张扬迫使"他者"退场

我们所处的时代是一个彰显价值的时代，也是一个张扬个性的时代。追求人的个性发展本身也是社会进步的标准之一。每个人都有独特的个性。互联网使得个人见解的发表变得易如反掌。电脑、手机每时每刻都连着网络，使得人们在摩肩接踵之时却体验着"距离最近的陌生人"的感觉，甚至同桌吃饭的亲人之间也阻隔着手机或电脑。曾有调查显示，比起"70后""80后""90后"，"00后"的手机/iPad/相机镜头更多是对着自己而非景色。自我过度张扬的结果是人们在公共场合的"一语不合，暴力相向"或"事不关己，漠然处之"。近年来，多起社会事件的主角都是二三十岁的年轻人，显现出低下的公德和私德水准，而他们的受教育轨迹都很完整甚至完美。这也许是因为"自我"发展到了不容"他者"的地步吧。

（四）网络监管不够导致诚信缺失

现代社会是一个契约社会，而诚信是一切契约关系的基础。社会诚信（考验个人道德）和职业诚信（考验行业伦理和管理者道德）是构建公民社会新型社会关系的基础。"互联网+"时代对于诚信的要求的确比无网时代的要求更高，因为网络同时兼具揭露欺骗且迅速传播真相的功能。但在现实中，由于网络的虚拟性和特殊性，不少网民在虚拟世界放纵自我，借助高科技手段和各种网络平台，引发与诚信背道而驰的各种网络谣言、虚假宣传、商业欺诈、欺骗现象，同时不诚信行为也更具隐蔽性和欺骗性，破案和追逃成本巨大，而且往往滞后于失信罪错的发生。如果失信者反而能够轻易获利并逃脱惩罚，民众的道德信念就将受到极大的打击。这种现象对于青少年的反面心理暗示力更是不可估量。

（五）技术至上是教育的灾难

随着我国经济社会的发展，实用至上、技术至上成为潮流。职业教育中出现了无限推崇技术的势头。一些研究者和实践者甚至在职业教育与职业技能培训之间画上了等号，忘了教书育人以德育为先的教育初心。奇怪的是，在迅速变化的"互联网+"时代，悖论似乎恰恰发生在教育领域，各地教育并未随着网络时代的到来发生重大改观。在"互联网+"时代，职业教育如何利用网络带来的便利与优势，真正实现"有道德的教学"并接轨世界先进技术？在"互联网+"时代，教育领域如何与社会其他领域一起，借助网络之力，共同致力探索"使互联网为青少年的生命、生活和未来人生带来更大福祉"的路径，并经由教育，为更多年轻人提供恰当而正义的道德选择，从而使互联网真正成为每个人生命中的+号？

二、"互联网+"时代学校德育面临的挑战

（一）德育目标模糊

德育目标是德育工作的出发点，也是德育预设的教育结果与德育的终极目标。我国颁布了各级各类学校的德育大纲，学校根据德育大纲同时结合学校人才培养标准设置具体的德育目标。但在网络时代，互联网对在校生的行为模式、价值取向等产生了越来越大的影响，使得整齐划一的德育目标受到网络极大的冲击。各级各类学校培养的人才怎样才算"有道德"，似乎没有定论（与高度一致的升学目标恰恰相反）。曾经被社会关注和热议的学校教育"5+2=0"（5天学校教育，2天社会教育）现象有着复杂的成因，在此却可被视为"德育目标空置"的一种现实表现。学校德育话语体系的高高在上、不关注既定道德高标与凡人道德水准的反差、不重视网络时代学生的生活实际和内在需求、不考虑道德构建对于人生的终极目标，恐怕是重要原因。当学生认为德育目标遥不可及又与己无关时，其关注程度和执行力就非常有限了。

（二）德育内容庞杂

学校德育是一个复杂的系统，从德育主体、德育对象、德育形式到德育内容，丰富庞杂，表述叠床架屋，缺乏系统性，给德育工作者带来相当程度的困惑。德育工作者往往不知道到底该从哪些方面、用什么方法来推行德育课程。曾有学者分析：按照目前我国《中小学德育工作规程》（教基〔1998〕4号）中的教学设计要求，仅针对"爱国主义"一个子项的内容，学生至少应该修完《当代中国政治》《中国历史》《中国党史》《中国文化史》四门课程。如果遵照规程要求，中小学生必修的德育课程将有几十门，德育内容将成为不折不扣的"无限"。同时，现有德育内容中缺乏对于人际问题和社会现象（最能反映现实道德面貌的内容）的探讨、思辨和决策，缺少未来工作中最重要的职业道德启蒙（决定行业质量与竞争力的要素），而这恰恰关乎社会变革和转型期学生道德成长的核心内容。由于互联网的存在，"关起门来办教育"已然不可能，因此，使学校德育内容勇于面对真实世界的是非善恶，选取典型案例进行共同研究探讨，让学生做出正确的道德决策，才是目前学校在有限德育课时中改革德育内容的正途。

（三）德育方法失效

方法是内容的载体。适合的方式才能有效地传播内容，德育同样如此。说服教育法、榜样示范法、实践法、陶冶法、品德评价法是常见的德育方法。但在常见的学校德育课堂中，充满实践性的道德常常被当成知识去传授，采取的主要是传统德育"我说你听"的模式和"牛不喝水强按头"的灌输形态，使得

在"互联网+"时代见多识广、生活中习惯于自我选择与决定、处在青春期的学生成为德育历程中的被动者乃至抗拒者。学生参与度低，德育的实际效能就差。主要原因是大多数德育教师往往由各专业教师兼职，并不具备教育伦理学的职业修养，更缺少专业方法；但道德的养成却靠自觉自愿，道德教育要诉诸对人际和社会现象及道德问题的主动探索、思考、反省、批判和讨论。要想把"外铄型德育"转变为"内发性德育"，学校德育的教育方法变革势在必行。

（四）理念与行动矛盾

人的行为都是受到一定意识支配的，都有一定目的性和计划性。理念决定行动，而行动决定成败。但学校德育实践中经常出现理念与行动矛盾的情况。比如，规则教育是学校德育的重要组成部分，道德规则的制定与执行方式也尤为重要，因为它们同时传递着"道德是什么、用于做什么"的理念与事实。在校园中倡导自尊自重、遵章守纪、尊师爱生、公平公正、平等相待是必然的，也理应对师生双方均有导向和行为约束的作用。但事实上，学校道德规则的执行并不平等，师生之间不平等，学生之间有差异。比如，学校规定学生见到教师要主动打招呼，而教师应当回礼。但现实中学生执行的情况远比教师到位。其原因也许是学生太多，教师对每个学生回礼有困难，也许是教师心中久已有之的"师道尊严"，使之难以放下架子，也许是教师对此视而不见已成习惯……但处于青春期的孩子们，也许很难理解上述现象背后的成人心理，他们由此习得的只是"守不守规则既要看人，也要看情况"，这显然有违德育的初衷。学校德育必须追求理念与行动的高度一致性，因为学生只能在公平中学会公平，在平等中学会平等，在关爱中学会关爱。

三、"互联网+"时代学校德育应坚持的原则与理念

信息技术的迅猛发展给学校德育工作带来了前所未有的挑战和许多亟须解决的问题，但其中也孕育着德育变革的巨大可能性。为了培养新时代发展所需要的人才，"互联网+"时代的学校德育应坚持一些原则和理念。

（一）坚守基本道德共识和社会道德基本原则

"互联网+"时代的来临，使得整个经济社会都发生着深刻、深远的变革，人们的生活习惯和思维方式也发生着巨大的改变。互联网的虚拟性、隐匿性、诱惑性给学校德育工作带来了一定的影响。人们不禁要问，"互联网+"时代下学校德育应该坚持些什么？那么，何谓"道德共识"？学校德育可以从研究道德的学问中汲取理论养料。比如，在对待是非善恶的价值选择方面，也许每个人都有自己的标准以及选择的理由，但是世代相传的基本道德共识依然不可忽略，东西方皆然：中国的"己所不欲，勿施于人"，西方的"你想别人怎么待你，你就怎么待别人"，两者有着异曲同工之妙。今天，以之作为"互联

网+"时代的个人道德修养和公共道德的起点仍理所当然。雅克·蒂洛在其撰著的《伦理学与生活》一书中论及社会道德的五项原则是生命价值原则、善良或正当原则、公正原则、诚实（说实话）原则和个人自由原则。生命价值原则主张人应当尊重生命，并接受死亡；善良或正当原则对于任何道德体系都是基本原则，要求人们努力做到扬善抑恶做好事、不造成伤害不做坏事、制止坏事防止损害；公正原则尤其强调各种情形下机会和分配的公正或公平；诚实（说实话）原则是公正原则的基础，也为有意义的交往做准备；个人自由原则则主张人们作为具有独特差异性的个人，在前四条基本原则的架构内，必须拥有选择自己个人道德修养方式方法的自由。上述基本原则都值得转化成不同学段的德育内容，在师生之间、生生之间通过道德教学转化为每个人的道德认知与实际行动。

（二）倡导并培育人际交往中的对话守则

在互联网时代，各种网络平台给了我们前所未有的话语权。1989 年，捷克前总统哈维尔等人在布拉格制定了《对话守则》，在街头巷尾张贴，用以激发人们"沉睡的善意"，进而寻求善意、认可善意和培育善意。在"互联网+"时代，对话是生存与合作的前提。那么如何培育有道德对话的能力？德育是必经之路。道德只能体现在人与人交往的历程中，表现为一种"关系伦理"，最大限度地考验和体现着人际交往的内涵、质量与结果。道德的最好体现可能并不是单方面无限度的隐忍与付出，而是在互惠互利基础上交往双方的共赢与成长。人际沟通的顺畅和成功恰恰体现在人与人的对话与相互理解的能力中。因此，哈维尔创立的《对话守则》非常值得学习，其内容是："1. 对话的目的是寻求真理，不是为了斗争；2. 不做人身攻击；3. 保持主题；4. 辩论时要用证据；5. 不要坚持错误不改；6. 要分清对话与只准自己讲话的区别；7. 对话要有记录；8. 尽量理解对方。"《对话守则》不是法律，而是道德律，是一种对话者所应遵循的基本伦理。它特别适用于对青少年对话方式的引导。《对话守则》也是培育理性和反思能力的重要途径，无论在学校场景、生活实践还是在网络交流中，都值得长期练习、坚持使用。上述原则阐释了"对话"的目标、过程、方法，从中我们得到如下启示：其一，对话和讨论必须有目标、有主题、有内容。其二，"表达"和"倾听"是对话者共同的权利和义务，需要双方共同遵守。因此，同时学会做"表达者"和"倾听者"很重要。教育者应当培养学生这种双向的角色沟通意识。其三，有道德的对话是以理服人而非以势压人，而且对话的表达是需要逻辑和方法的，再激烈的辩论也不应该是人身攻击。其四，对话的结果要予以记录和保留，既是为了保存对话和思考的痕迹，也是为了进一步反思和之后的提升。对于学习者而言，这种记录本身就是成长的历程。学校德育若能遵循《对话守则》，就能很好地显示德育本身的理性，也能培养学生的沟通能力和人际交往能力。

（三）践行"学生指导"的理念与方法

对于学校德育工作而言，德育目标是一个相对稳定的标准，而德育内容和德育方法则会随着经济社会的发展、科学技术的进步而变化。互联网具有信息传播快、信息储量大、融媒体、不受时空限制等诸多优势，必将成为学生参与社会生活的重要平台和阵地，学校德育的内容和方法也必然与时俱进，服务于今天的学生及其未来的发展。学校可以借鉴成熟的"学生指导"理论展开本土实践。"学生指导"理念肇始于19世纪末的美国中学，即教师主动为学生提供学业咨询与职业咨询。之后，这一理念在全世界的学校系统得到了呼应；同时，"学生指导"的实践也在不断地发展与成熟中，从"指导者中心"逐步走向"被指导者中心"，更加关注被指导者的思想、心理和学业成长及其个别化需求。今天的"学生发展指导"明确区分为三大领域：学业指导、生涯指导和生活指导，各领域均提供多种方法，诸如思想指导、心理指导和行为指导。其中，学业指导主要针对日常教学中的学习方法的指导与学习困难的解决，也提供课程选择以及专业方向选择的指导；生涯指导旨在帮助学生了解和理解自己未来的学业发展方向，发现与检测自己的兴趣和资质或职业选择的可能性，因此对于个人发展有着重要作用；生活指导侧重针对学生个性与社会性发展的指导，旨在教给学生沟通技能、合作策略、问题解决技术以及人际关系技能。上述指导工作在我国的班主任和学科德育中都有所涉及，但并不系统。如果学校能够根据自身特点设计三类指导方案，就能更好地发挥日常德育的指导功能，有利于不同学生有差异地成长，并为他们走向社会做好准备。

第三节　"互联网+"时代五年制高职德育的变革与对策

在"互联网+"时代，信息传播具有即时性，打破了时间和空间的限制，拓宽了传播的范围和领域；沟通具有互动性，每个网民既是信息的接收者，又是信息的传播者。互联网成为用户沟通互动的桥梁，成为带动经济社会繁荣和发展的核心，具有传输、分析、管理和服务的功能。2015年3月5日，李克强总理在政府工作报告中提出了制订"互联网+"行动计划，指出了传统行业面临的机遇和挑战。作为国家战略，"互联网+"将会成为经济和社会发展的新着力点，促使社会各个传统行业发生深刻变革。从根本上讲，"互联网+"不仅会催生经济增长方式的变革，还会促进人们的思维方式和生活方式的变革。"互联网+"战略的逐步实施，必将会引起经济、文化、政治以及人们的日常生活产生巨大的变革，同时也会引起教育领域变革。这些变革必然导致人们的思想观念和行为发生变化，因而传统的德育方法已经不能够满足当今学生们的需求。如果学校德育不能成功应对这一挑战，就不能培养出适合时代发展所需要的人才。学校德育要想成功应对"互联网+"带来的挑战，就必须实施一系列的变革。

一、提倡"学生体验"的德育理念

"互联网+"强调互联网思维。互联网思维的本质是"用户为王"。在"互联网+"时代，企业从产品的代理人变成用户的代言人。在过去，企业是渠道商的上游，用户是渠道商的下游；在今后，用户是渠道商的上游，而企业是渠道商的下游。"用户为王"的另一个意思是用户体验至上。也就是说，在"互联网+"背景下传统产业的发展趋势就是运用互联网思维打造和营运产品，以用户的需求为产品开发和营运的起点和归宿，从而达到满足用户对产品的个性化需求的目的。这就要求，一方面，企业需要打通和用户之间的互动渠道，和用户之间能够通畅地沟通和交流；另一方面，企业需要借助大数据，通过数据挖掘和分析，给用户提供精准的个性化服务。总之，满足用户的个性化需求是"互联网+"时代产品开发和生产的根本宗旨。区别于以往任何时代，"互联网+"时代把人的需求、用户的体验放在了产品开发的第一位，同时也提升了人在社会发展中的尊严和地位。客观地讲，人既是产品的开发者，也是产品的享用者。对人的需求的重视会极大地调动人的主动性、积极性和创造性，同时也会促进产业发展的良性循环。这就意味着，关注人的需求和体验，从而调动人的主体性和积极性是"互联网+"时代对学校德育在人才培养方面的根本要求。但是，长期以来，学校德育在价值取向上往往以社会需要为中心，被当成学校向学生传授和灌输社会主流道德和价值观念的渠道；学校德育在组织管理上往往以教师为中心，而教师是整个德育过程和所有德育活动的设计者、组织者和评价者。在这种取向和理念指导下，学生的需要和体验被排除在学校德育的所有设计之外。所以，在"互联网+"时代，学校德育首先要进行德育理念的变革，要从重视社会需要向关注学生体验转变。学校德育必须以学生为中心，关注学生的需要和体验，从学生的成长和发展需要出发来设定德育目标和组织德育活动。在德育目标方面，教师要把培养学生的创造精神和创造能力作为德育的目标；在德育过程中，教师要充分调动和发挥学生的主观能动性，让他们积极参与到学校德育过程的每个环节中，从而培养学生的参与精神和实践能力；在德育组织方面，教师要通过网络渠道获取学生丰富的个性化信息和资料，了解学生的个性化需求，为学生提供个性化的德育服务，从而最终实现因材施教；在德育评价方面，教师要以学生评价为主，以关注学生的感受和体验作为评判学校德育实效的标准。总之，只有学生自身的主体性得到充分发挥和个性得到充分发展之后，他们才会适应新时代的社会发展，才能够引领社会发展的方向和潮流。

二、提供"丰富资源"的德育课程

当前，网民的德育教育依然采用以"课堂为中心，书本为中心，教师为中心"为主的传统教学模式。这种德育模式失去了生命力，不利于学生品德的形成。德育需要活化的教育模式，让青少年走近生活，带学生走进"活"教材，拓宽学生德育渠道，做到处处都是育人场所，事事都是育人环节，时时都是育人契机。在"互联网+"时代，互联网上的海量信息给德育课程带来了丰富多彩的课程资源。伴随德育理念的变革，德育课程的作用也必须改变，也就是说，德育课程既要让学生掌握基本的道德规范，还要有助于学生的主体性和创造性的发展。在"互联网+"时代，众多的传统学校德育资源，比如教学设计、教学课件、教学反思等，都可以融合电子、信息和互联网络技术，以精品课程、多媒体课件、微课、电子书等形式，通过共享的网络资源方式呈现出来。比如，近些年来兴起和得到迅速发展的慕课等已经形成了新型的网络德育资源，这些共享的网络德育资源可以被广泛传播，反复使用。丰富的网络德育资源不仅可以让学生摆脱单调、呆板的教科书学习，还可以增加德育课程的信息量和扩展学生的视野。教师和学生都可以通过互联网聆听"素未谋面"的知名专家的授课，向他们请教问题，跟名师进行互动和交流。这既能够促进教师自身德育素质的提升，还能够为学生提供走近名师的机会，从而最大化地实现优质德育资源的共享。因此，"互联网+"时代的学校德育课程不能仅仅局限于为教师和学生出示统一的教科书，而且要为他们提供丰富的网络资源。事实上，要实现学校德育课程变革，还需要一些支持性条件，否则，就不会产生预期的效果。一是学校需要必要的互联网络硬件和软件方面的物质支持，对网络资源的充分利用和共享是建立在学校具备互联网络硬件和软件设备的基础之上的，若缺少这些基础设备，一切都是空谈。在基础设备中人是核心，这包括人的观念和素质，主要是指人充分运用互联网资源的意识和能够灵活获得互联网资源的能力。特别是对于偏远地区的贫困学校来讲，"互联网+"时代的到来为他们缩小与优势学校在教育资源方面的差距创造了机会和可能，但是，如果必备的硬件和软件设备基础跟不上的话，则这种差距会更大。二是教师和学生要有包容多样化文化的胸怀。互联网是一个开放的信息资源库，传播的信息包罗万象、多种多样。当前我国正处于社会转型时期，多元文化和多种价值并存。这具体反映到互联网络资源和信息方面，也呈现出多样性和多元化，既包括体现社会主流价值方面的资源和信息，也有社会非主流价值方面的资源和信息，既有体现普遍价值的资源和信息，也有体现特殊价值的资源和信息等。这就需要教师和学生有包容心态，以及对互联网络文化和价值多样化秉持尊重的态度，而不随意地妄加评论。三是教师要教会学生对网络资源和信息进行甄别和选择。教师和学生在享有丰富的网络资源和信息的同时，还需要引起注意的是，海量的网络资源和信息本身还存在参差不齐的问题，精华和糟粕共存。这就需要教师教会学生对网络资源和信息进行仔细辨别，教会他们能够从海量的网络资源和信息中选择出那些切实有益的部分，而且能够排除和摒弃不良信息的诱惑和干扰。总之，学生学会对网络资源和信息的辨别和选择是"互联网＋"时代学校德育课程变革能够成功的重要基础。

三、扮演"学习的引导者"的教师角色

在"互联网＋教育"大背景下，教师的教育理念和教学模式在不断创新。网络资源和信息无穷无尽。随着信息传播的速度加快，互联网增加了师生获取信息的途径，且使师生获取信息更加便捷和高效。在这种情况下，教师难以保证自己所拥有的知识肯定比学生丰富，以往教师作为知识权威的地位势必会被颠覆。然而，网络信息内容庞杂、参差不齐，科学与谬误同在，真理与谎言并存，但学生的身心还未成熟，自我约束能力不足，面对海量的网络资源和信息，他们还不具备准确判断和选择的能力，甚至会被不法分子诱导而走向违法犯罪的道路。正因为如此，学生在网络世界中的学习还需要教师给予必要的引导，因此，教师的角色也是多方面的。在"互联网＋"时代，教师的角色要从"知识的传授者"转向"学习的引导者"。教师要承担好这一角色，需要注意以下两个方面：一方面，教师要当好"学习者"，并引导学生学习知识。在海量的网络知识面前，教师和学生都是学习者。教师只有善于学习、勇于学习，才能够当好"学习的引导者"角色。甚至一些时候，教师还要有不耻下问的精神，向学生学习和讨教，这是因为学生接受和领会新技术和新事物的速度更快。另一方面，教师要以身作则，引导学生塑造德性。与现实世界中人们需要以真名实姓的方式面对面进行交往不同的是，互联网络世界是一个虚拟的陌生人世界，人们往往以匿名出现。在这种情况下，有些人在网络世界中肆意妄为，丧失了应有的基本道德常识和素养，造成网络世界的混乱和失序。因此，在"互联网＋"时代，学校德育的重要任务之一是教师要从自身做起，给学生树立榜样，做到在网络世界和现实世界的言行举止一致，同时引导学生增强网络德性意识，逐渐培养他们良好的网络学习行为和习惯。

四、开展"自主建构"的德育活动

由于受到主客观因素的影响，德育的目标一般不能够完全实现，德育功能得不到有效发挥。增强德育的有效性是德育工作本身急需解决的一个理论和实践的重大问题。德育是一个多边互动的过程，只有通过自身建构和实践才能增

强德育的有效性。德育活动是指学校所实施和开展的旨在培养学生品德的所有活动,包括课堂德育教学活动、班会活动、社团活动、团队活动、公益劳动等。我们所谈的"互联网+"时代学校德育变革最终必须落实到德育活动的变革上,否则,其他方面的变革都会成为空谈。这是因为德育活动是学校德育的现实载体,学生只有在德育活动中才能生成理想的品质,而且,德育活动也可以承载和呈现学校德育理念、德育课程、教师角色等各个方面的内容。不可否认的是,以往的德育活动基本上都是从社会需要出发来设计的,重在把社会道德规范和道德知识灌输给学生,而学生只能被动地接受道德规范和道德知识,他们的自主性难以得到发挥,甚至常常缺乏自主意识。但是,"互联网+"时代呼唤的是具有主体性、创造性的个体,只有具有强烈的主体性和创造性的个体才能够引领社会发展的潮流。因此,学校德育活动必须从强调"被动接受"转向注重"自主建构",充分地发挥学生的主动性和积极性,培养具有主体性和创造性的个体。以"自主建构"为主导的德育活动会呈现出一幅充满生机和活力的新景象。在这样的德育活动中,学生的积极性会得到极大的调动和激发,他们会真正地成为自己学习的主人,会带着自己的经验和体验去认识和感知一切,建构自己独立的认识和观念。在这样的德育活动中,学生始终是道德学习的主体,道德学习成为他们主动探究和思考的过程。学生经过体验,从内心深处确认的那些道德价值和观念会成为真正的道德的观念,而不是关于道德的观念。道德的观念是个体人格的一部分,能够促进良好品格和行为习惯的形成;而关于道德的观念则只是一种知识,与道德行为无关。同时,需要指出的是,由于学生是未成年人,他们的心智和辨识能力还未成熟,因此,学生自主建构道德价值观念的过程还需要教师的价值引导。但是,这种价值引导却不是价值灌输,而是教师为学生创造一种价值环境,通过师生之间平等的对话、交流、协商来帮助学生自主地进行价值选择,以使学生自主建构道德价值观念体系的过程。在这个过程中,教师只是学生道德学习的引导者,而不是道德知识的灌输者。教师角色的转变是德育活动取得实效的关键。

第七章

基于课程思政的五年制高职德育

第一节 五年制高职课程思政的现状

高等职业院校的思想政治教育,以往主要依靠思想政治理论类课程实施,如"职业生涯规划""职业道德与法律""经济政治与社会""哲学与人生""马克思主义原理概论""毛泽东思想和中国特色社会主义理论体系概论""思想道德修养与法律基础"等课程,所占学分不低,但发挥的作用有限。其主要问题是教育教学观念落后,内容抽象空洞,言之无物,脱离实际,学生学得枯燥无味,教师教得疲惫、无奈。思想政治理论课的教育陷于孤岛化、边缘化、空泛化的境地。如何打破思想政治教育的瓶颈是当前面临的巨大课题。课程思政是指以构建全员、全程、全课程育人格局的形式,使各类课程与思想政治理论课同向同行,形成协同效应,把立德树人作为教育的根本任务的一种综合教育理念。课程思政和德育都是为提高学生素质、促进学生成长成才服务的。课程思政蕴含着丰富的德育功能。充分运用课程思政开展德育,是社会发展的现实需要,也是新时期全方位开展学生德育教育的迫切需求。二者之间是原因与结果、手段与目的的关系。因此,如何使个人进步、成长,不仅是个体和社会的进步,还是"以人为本,全面协调,可持续发展"这一科学发展观的重要举措,具有重大的深远意义。五年制高等职业院校德育要通过课程思政改革,认识其意义和重要性,在达成课程教育的同时实现德育目标。

一、课程思政的内涵、背景和理念

习近平总书记在全国高校思想政治工作会议上讲话指出:学校要用好课堂教学这个主渠道;思想政治理论课要坚持在改进中加强,提升思想政治教育亲和力和针对性，满足学生成长发展需求和期待；其他各门课都要守好一段渠、种好责任田，与思想政治理论课同向同行，形成协同效应。

课程思政区别于思政课程。思政课程是思想政治教育课程及相关教育活动的总称。课程思政不是特定一门教学课程或一项活动，而是要将学校思想政治教育融入课程教学和学校教育各环节、各方面。换言之，学校所有教学及相关教育活动都应以课程为载体，以思政教育为灵魂，强化鲜明的育人功能和价值取向，以实现立德树人的目标。

课程思政是2014年之后出现的概念，源于上海市相关高校的探索，其目的是解决大学生思想政治教育的"孤岛"困境，尤其是解决思想政治理论课与其他课程之间实际存在的"两张皮"问题。它开发和利用相关课程的思想政治教育资源，以充分发挥所有课程蕴含的思想政治教育功能。这些探索对于形成各门课程的育人合力发挥了重要作用，激起了很多高校的兴趣，并引发了教育部的关注。教育部颁布的相关通知、文件以及教育部领导的讲话中多次提到了课程思政这一概念。目前，课程思政的观念日益深入人心，各学校逐渐掀起了一股关于课程思政的热潮。课程思政建设就是要挖掘各类课程的思想政治教育资源，用好课堂教学这个主渠道，促进包括通识教育课、专业课在内的各类课程与思想政治教育的有机融合，推进所有教师教书与育人相统一，将思想政治教育贯穿教育教学全过程，构建协同、有效、有力的思政教育大格局。

从字面上看，课程思政由课程和思政两个词语组成，其中思政是中心词，课程是修饰语。课程思政包括思想政治理论课、专业课、通识课、思想政治教育（实践）活动等关键词。其含义可以初步理解为依托和借助思想政治理论课、专业课、通识课等课程而开展的思想政治教育实践活动。所以课程思政旨在挖掘和发挥专业课、通识课的思想政治教育资源与功能，其侧重点不在思想政治理论课。由是观之，课程思政的含义可以进一步理解为依托和借助专业课、通识课等而进行的思想政治教育实践活动，或者是将思想政治教育融入专业课和通识课等的教育实践活动。

当前，课程思政已经在高校形成共识，但由于相关概念提出不久，学校课程思政的总体要求、主要目标、组织体系、实施范围、教学重点、教学形式、实践教学、评价体系和激励机制等行动指南和制度保障还不健全，许多知名高校都还处在边探索、边实践的过程中。课程思政相对于职业教育来说还是个新鲜事物。据中国知网统计，职业院校有关课程思政的研究2017年才出现，雅安职业技术学院的何衡老师发表了《高职院校从"思政课程"走向"课程思政"的困境及突破》的论文，提出："思政课程的思想政治教育功能呈显性，其他课程的思想政治教育功能呈隐性。高职院校思想政治教育当下面临思政课程地位有待提高、课程思政理念有待落实、思政教育吸引力有待增强的现实困境。"

学校德育要突破当下困境，就必须从思政课程走向课程思政，以思政教育的基本规律指导教育教学。

二、五年制高职课程思政面临的问题

五年制高职招收的是初中毕业生。学生入学年龄大多在15、16岁，正处于形成人生观、世界观、价值观和学习掌握专业技能的最佳年龄段。由于学生在心理发展方面具有中职学生和高职学生的双重特性，多数学生的专业认知和职业认识严重缺乏，思想上出现困惑，对职业理想的认识盲目，缺乏规划，从而在择业方向上陷入误区，这种状况严重制约着五年制高等职业教育的有效进展。课程思政建设是一项系统工程，如何推动高等职业院校课程思政的建设，是构建社会主义和谐社会的一个重大问题。当前课程思政建设面临的现实困境包括：课程思政理念还未直入人心，学校三类课程之间系统性不够，课程思政顶层设计和整体规划不够完善。因此，为推动课程思政建设，学校要深入研究课程思政理论，确保三类课程之间同向同行，为课程思政建设提供制度保障。

（一）教师思想意识不重视

当前，五年制高等职业院校课程思政改革的理念尚未深入人心，系统化不够。大多数学校的思政教育仅仅停留在以德育教育的形式开设的思政课程上。学校对在其他课程中开展思政教育的重要性和必要性认识不够，更不用说有通过课程教育推进德育教育的认知。教师固守旧有的思想意识，认为只有将知识、技能水平进行提升才是职业教育教学工作的王道，思政课程并不重要，因此，在部分学校教育中，思政课程没有受到重视。在这种情况下，高等职业院校德育从思政课程走向课程思政便面临着许多困境。

（二）学生思想认同未形成

哈佛大学曾经做过一项调查研究，研究课题是《什么样的人才能获得成功》。调查结果显示，3%的人目标清晰且长远，最后成了社会精英；10%的人目标清晰但短期，最后成了各行业的成功人士；60%的人目标模糊，最后事业平平；27%的人无目标，工作不稳定。由上面的研究结果可以看出，目标对于一个人的成功起着至关重要的作用。五年制高职学生入学年龄小，在中考填报志愿时对相关专业缺乏具体的了解，造成制定的职业生涯目标往往过高、过低或干脆不制定职业生涯规划。在当今多元文化的影响下，学生追求个性化的发展，对于枯燥的思政学习提不起兴趣，再加上一些学生的思想政治观还没有完全形成，思想认同也比较低，直接影响了学校人才培养的效率，系统的课程思政理论和实务的指导对五年制高职学生来说至关重要。高等职业院校开展课程思政的基础和关键就是引导学生正确地认识自我、准确地定位自己，均衡社会各个方面的需要，把自我认知与专业学习有效地结合起来，以正确的自我定位为基础，做出恰当的人生选择。

（三）学校课程体系不完善

目前各高职校还处在教育改革的探索阶段，从思政课程走向课程思政的路径尚不成熟，表现最为明显的便是学校课程体系不完善。比如，学校没有构建有效的学科思政融合策略体系，没有对课程思政的教学内容、教学目标、教学方法、教学评价等进行有效的构建，没有对课程思政的教学情况进行有效的考核。因此，在从思政课程走向课程思政的过程中，学校课程体系不完善成为当前的困境，需要在接下来的工作中进行改进。

三、五年制高职课程思政建设的特殊性

五年制高职与普通高职相比，具有时间长、费用低、就业好等优势，其最大的优势和特点在于贯通中高职教育，可以高效率地、最优化地整体设计和统筹安排学生的知识、能力、素质以及技能的训练和培养。从思政课程到课程思政，是高职教育价值的理性回归。许多教师觉得将思政融入课堂太难了，因为理论不熟悉、方法不确定、融入没经验。把思政元素和职业素养融入课堂，是一项开创性的工作，是实施课程思政的难点所在。学校可从学习知识点、挖掘结合点、操练融入点三方面入手，由点到线再到面，逐步深入。

（一）人才培养目标的复杂性

五年制高等职业教育的人才培养目标是培养生产、经营、管理和服务等第一线工作的高素质技能型人才，即"让学生获得从事某个职业或行业，或某类职业或行业所需的实际技能和知识，一般具备进入劳务市场所需的能力与资格"。该培养目标强调人才类型的技能性、人才层次的专门性和人才去向的基层性，是构建五年制高职职业生涯辅导目标的主要依据之一。五年制高职在人才培养方面与普通高中、传统中职、三年制高职相比要复杂得多。

五年制高职学生与普通高中学生的区别较大，尤其表现在培养目标的复杂性上。普通高中学校以升学作为主要培养目标。而五年制高职学生不仅要学习文化课程，还要学好相关专业知识，掌握相关专业技能，在校期间还要了解步入社会、进入职场所需的职业礼仪、职业规范和道德等行为规范。由此可见，五年制高职学生较普通高中学生的培养目标更加复杂。

五年制高职学生和传统中职学生有较多的共同点。二者的学习基础与普通高中学生相比有一定差距，学习习惯和方法都有欠缺，学习动力不足。从学制的设置上看，五年制高职学生相当于经历两种不同阶段的职业教育。五年高等职业院校对专业和课程的设置、人才培养目标的界定及对学生的要求都比中职的高。

与三年制高职学生相比，五年制高职学生年龄层次跨越大，前两年基本还

需要学校和家长的监护和管理,自觉性差,学习能力和职业意识较弱。五年制高职学生在入学时发现所学专业与自己的认识有出入时,很容易迷茫,不知何去何从。

总而言之,五年制高等职业院校的思政教育的关键和重心是引导学生为今后的专业学习和就业及早做准备。五年制高职学生在校五年期间正是个体社会化最为关键的五年,其间个体的人生观、世界观和价值观正处于形成期。高等职业院校人才培养方案中的课程体系一般分为公共课程、通识课程、专业课程、实践课程四大模块,其中专业课程及实践课程教学虽具有教育性,但对于爱国主义、理想信念、职业道德等,多数教师认为这些是"两课"的内容,是思政课程和学工处、辅导员的事。而要解决人才培养过程中"重成才、轻成人"这一问题,高等职业院校在课程教学中必须强化育人功能,用思政工作统领人才培养全过程,将课程思政贯彻到所有课程中。五年制高等职业院校的课程思政的培养目标应与学生的社会化过程相结合,激发他们的学习动力,给他们量身定做职业规划,确定发展目标。

(二)人才培养目标的现代性与可持续性

五年制高职是以大学专科学历层次的高素质技能型人才为培养目标、招收参加中考的初中毕业生、实施五年一贯制培养模式、融中等职业教育和高等职业教育于一体的职业教育。五年制高职以专业为基本载体,在专业设置与建设上坚持"适应多样化、高素质、高技能人才需求,适合五年一贯制培养模式,具有明显优势特色"原则。根据职业岗位素质技能要求和五年制高职学生特点,发挥五年一贯的学制优势,系统设计、科学制订人才培养方案,建立健全具有五年制高职特点的课程体系,调整更新课程内容和模块。五年制高职学生年龄跨度大,接触社会少,社会阅历和经验都不足,可塑性强,容易被诱惑,易放弃,缺乏意志力,但接受新鲜事物的能力强,初步形成了辨别是非的能力。培养五年制高职学生的职业意识,可增强其职业能力,使之具有先进知识和技能,为企业的发展注入活力,带动技术的不断更新和创新。

五年制高职学生虽然在思想上和心理上存在一定的压力和负担,但他们身上不乏闪光之处。如他们喜欢独立思考,往往不满足于书本上现成的结论,可塑性强,有表现自己技能和才华的强烈愿望。学校要正确地引导学生以马克思主义的立场和观点思考问题、解决问题,学会做人做事,并为就业做好各方面的准备。这是五年制高职教育的核心问题。课程思政是解决这一核心问题的方法之一。学校在人才培养的过程中要融合思政教育,深层挖掘学生的潜力,提高学生的综合素质。因此,课程思政必然成为五年制高职德育体系的组成部分。

工业化、信息化和知识化是现代化发展的三个阶段。知识经济是以知识为基础、以脑力劳动为主体的经济,是与农业经济、工业经济相对应的一个概念。

知识经济使社会发展模式发生巨大的变化，可持续性成为世界发展的核心要求。因此，五年制高等职业教育的关注点必须回归到人的可持续发展这一价值目标上来。高等职业教育不再是授人以一技之长、谋得一个职业的功利性教育，而是设法使受教者成为持续发展的一员的教育。课程思政在教育理念层面的突破主要体现在将课程的教育性提升到思政教育的高度，表明课程教学的首要目标是让学生养成正确的世界观、人生观和价值观。在课程实施过程中，学校要按照课程思政的新要求，让学生在学知习技的同时，能将个人理想与社会担当有机结合，让公共课、通识课、专业课、实践课都能承载正确的职业观、人才观。这样看来，拓宽基础是基本条件，重视培养受教者一般就业能力是当代教育的重要趋势。从当前五年制高职学生德育工作的现状看到，针对情况特殊的这一群体，要培养合格的人才，仅靠学校规章制度和思想政治教育是不足的，而课程思政则是一种相对有效的、明确的管理方法。它不仅可以帮助学生成为合格的人才，顺利走向工作岗位，同时可以协助高等职业院校进行教育管理。课程思政是人生观教育、思想道德教育的有效载体。针对五年制学生年龄小、学制长的特点，在学生整个高职学习中贯彻人生观教育、思想道德教育，可以真正收到实效，有助于提高学生的综合素质。

第二节　课程思政与德育的天然联系

德育的内容包括马克思主义基本理论、爱国主义、党团基本知识、形势与政策、道德品质、人生价值观、集体主义与团队精神、法纪与公民意识、学风与校风、创新精神与竞争观念、美育、心理健康等方面的教育。高等职业院校课程思政中的爱国主义、理想信念、职业道德与德育的人生观、价值观、道德观、法制观以及国情和政策的内容是相通的。择业观是学生在选择职业时世界观、人生观、价值观的真实反映。加强学生的职业理想教育，帮助学生树立职业理想和目标，确定职业方向，这是课程思政的核心，也是德育在课程思政中的表现。课程思政过程本身就是进行正确的自我认识，了解社会环境，从而树立职业目标和职业理想，并提高自身素质的一个过程，其中包含了丰富的德育内涵。

一、课程思政的德育基本特征

课程思政强调将思想政治工作贯穿学科体系、专业体系、教材体系、管理机制体系之中，在传授课程知识的基础上引导学生将所学到的知识和技能转化为内在德性和素养，注重将学生个人发展与社会发展、国家发展结合起来。这是高等职业院校立德树人的突破口和新抓手，有助于帮助学生解答思想困惑、价值困惑、情感困惑，激发其为国家学习、为民族学习的热情和动力，帮助其在创造社会价值过程中明确自身价值和社会定位。课程思政对教育个体思想的影响具有从小到大、从内到外、从具体到抽象的基本特征。

（一）自我认知与社会认知的统一

自我认知是对自己的洞察和理解，包括自我观察和自我评价。自我观察是指对自己的感知、思维和意向等方面的觉察。自我评价是指对自己的想法、期望、行为及人格特征的判断与评估，是自我调节的重要条件。唯有充分了解自己，才能做到量力适性，人生才能过得如自己所想。社会认知是指人们在社会生活或社会实践中对社会现象的认识过程，是人们在社会交往中认知主体对各种社会对象所形成的看法、意见、态度和评价。这些社会对象包括个人、团体、人际关系和社会生活中发生的事件及其性质、特点等各方面的反映，人与人际关系的反映是社会认知的主要内容。社会认知是个体行为的基础，而个体行为是在社会认知过程中做出各种裁决的结果。在课程思政理念下各类课程与思想政治理论课同向同行，形成协同效应。课程思政所涵盖的公共课程、通识课程、专业课程、实践课程四大模块能全方位地指导、引导学生对自己的兴趣、爱好、能力、特长、经历及不足等各方面进行综合分析与权衡，结合时代特点，根据自己的职业倾向，确定最佳的职业奋斗目标，并为实现这一目标做出行之有效的安排。

（二）现实生活与未来生活紧密融合

公共课程、通识课程、专业课程、实践课程四大模块课程蕴含着丰富的思政元素。一方面，相关知识本身具有明显的价值倾向、家国情怀等；另一方面，教师可以通过深度挖掘，在已有思政元素的基础上实现进一步的拓展和开发。由此可见，课程教材和课程内容应体现时代性；教师在知识传授中应注重主流价值观的引领。课程教师应当具有正确的政治立场和坚定的政治意识，履行好教书育人的岗位初心，主动承担起培养社会主义建设者和接班人的时代重任。特别需要注意的是，课程思政不是简单的课程加思政，不是在其他课程中剥出几节课时讲授思政内容。思政与课程的关系，应当是"如春在花、如盐化水"，而非"眼中金屑，米中掺沙"。两者不应该是机械组合，而应该是有机融合、相互促进、协调发展。国情教育和主流价值熏陶，是其最为基本的两个维度。教师不宜硬性灌输，生硬地直接给出结论，而应由近及远、由表及里地引导学生理解社会制度的历史性变革和国家取得的历史性成就，应在扎实的文献研究和社会调查基础上，把家国情怀自然渗入课程的方方面面，实现润物细无声的效果。课程思政不能离开生活的时间与空间，要将现在生活与未来生活紧密相连。课程思政的目的在于掌握现在、预见未来，促进自我了解、自我定位、自我发展及自我实现。

课程思政理论将现实生活与未来生活紧密融合，注重鼓励学生在专业知识学习之余，养成勤锻炼、有情趣、爱劳动的生活取向；注重因地制宜，发挥学校自身的科研优势、社会网络资源、校史育人功能，最大限度地创设条件，激活学生的创造活力，将学生培养成品德高尚、专业过硬、体魄强健、审美高雅、热爱劳动的新时代好青年；注重让学生较好地理解"已有的发展水平影响今后的发展方向和程度"，引导学生树立"未来发展目标支配今日的行为"的职业成长理念，让每一个学生在自我发展中感受到生命的价值和意义。

（三）实际行动与职业理想的有机结合

在现实生活中，人们缺少的往往不是远大理想，而是围绕远大理想采取的实际行动。思政课程以外的课程有很多，涉及学科门类的方方面面。学校要通过课程思政，注重以现实生活引导和教育学生采取实际行动，分步骤去实现职业理想。课程思政不仅传播知识、传播思想、传播真理，还要塑造灵魂、塑造品行、塑造人格。应把"为了每一个学生的终身发展"作为核心理念，针对青少年学生的成长特点，聚焦青少年学生的思想关切点，着眼于学生道德素养的培养。学校应加强正面引导、深入解疑释惑，努力把思想性、理论性、知识性与教学方式上的可接受性有机结合起来，不断增强思想政治教育的亲和力、感染力。将内在的生命价值与外在的社会价值紧密相连，是个体将实际行动与职业理想有机结合的桥梁和纽带，专业课程具有指导学生将实际行动与职业理想有机结合的功能。

二、课程思政与德育的契合点

课程思政建设就是要挖掘各类课程的德育资源，用好课堂教学主渠道，促进包括通识教育课、专业课在内的各类课程与德育的有机结合，推进教书与育人相统一，将德育贯穿学校教育教学全过程。从这个角度说，课程思政与德育是完全契合的。

（一）体现人才目标培养的一致性

首先，从德育的本质与课程教学的本质来探讨。课堂教学是人才培养的主渠道。德育理论课程要坚持在改进中加强，满足学生成长发展需求和期待，而其他各门课都要守好一段渠、种好责任田，与德育理论课程同向同行，形成协同效应。德育的根本宗旨是促进每一个学生的全面发展，课程作为学校教育的主要组成部分，其核心是"专业发展"，可以说"发展"是"课程思政"与"德育"本身固有的天然的共有属性。

其次，从高等职业院校育人的目标分析。学校要对学生进行专业知识与技能的教育，促使学生对自我进行客观全面的认识、对社会发展变化进行正确的认知以及对自己未来从事的工作有进一步的了解，引导学生进一步确定自己的职业目标。可见,课程思政的目的是帮助学生确立未来职业理想,促进学生终身发展,引导学生以职业理想为核心目标,不断充实自我来提升综合素质,把学生培养成社会所需要的建设者和接班人。学生在对自身素质进行提升的同时,会不自觉地将德育目标进行内化。这个内化的过程是"学生为实现自己的成才和发展订立的心理契约,是对自己美好未来的承诺",较好地体现了课程教学目标与德育目标在实现途径上的一致性。

再次,从德育目标进行探究。德育作为我国教育的重要组成部分,排在素质教育的首位。其本质属性是"育德",其内涵是"引人向善"的教育。德育目标是教育目标在德方面总的要求。我国高等职业院校的根本任务是培养合格的社会主义建设者和接班人,因此,用正确的思想去引导、教育学生,使他们能坚持社会主义方向并为之奋斗,应是高等职业学校德育的总体目标。按其设立的顺序可分为:一是政治方面的目标;二是思想方面的目标;三是道德教育和民主法制教育目标;四是心理健康教育目标;五是科学的精神教育目标。这五个方面的目标是保证培养具有共产主义觉悟的先进分子的先决条件,也是实现有意义人生价值的方向与指针。德育目标在指向学生向善的成长与发展方面,起到指导与引领、启迪人生、保驾护航的作用。德育目标起到内因驱动作用,而教育目标起到外因孵化的作用。总之,不同类型的学校开展课程思政和德育在终极目标指向一个完整人的全面发展、实现职业理想、为社会贡献方面却是不谋而合的。

(二)强化教育内容的互补性

课堂教学作为立德树人的一种手段,实际上是知识传授和价值引领的"双过程",是培育实践技能和塑造思想的"桥头堡"。知识传授是课程思政的外在特征,而价值引领是课程思政的内在要求。把"内""外"真正统一起来,使立德树人工作不再局限于思想政治理论课,而是扩展到所有课程,实现显性育人和隐性育人的结合,既是高职教育自身内涵的丰富,也是其他课程教学的时代方向。由于教育对象的不同,我国中高职教材内容设计的环节各有侧重,但是内容基本相同。高等职业院校教材注重理性思考,突出理论的系统性、应用性;中等职业学校教材突出理论的通俗化、实践的趣味性、思想的启发性。

通过比较、分析,可以发现:专业课程、通识课程内容注重个体生存的技术性,寻找一条清晰的自我发展道路,其教育效果能将社会要求自觉地内化为教育个体自身发展的要求。德育内容注重社会要求的具体性、方向性、理想性。将专业课程与通识课程结合,课程思政唤醒个体对德育内在需求的认知,德育保障个体发展的社会价值。将两种教育内容结合运用在高职教育中,能较好地解决学生对通识教育、专业知识、专业技能、职业素养、就业岗位和用人单位需求与德育内容和现代观念等融为一体的问题。它使传统的教育模式中最高层次的政治教育、思想教育，中间层次的道德教育、民主与法制教育，基础层次的心理健康教育、审美教育、人文科学教育、社会实践和现代观念等融为一体。

（三）创新教育途径的多样性

德育途径是指施教者对学生实施德育时可选择和利用的渠道，又称为德育组织形式。正常的德育渠道按其标准不同，可分为四条：校内正式途径（教学，共青团组织的活动及课外读书活动、校会、班会、周会、晨会、时事政策学习、班主任工作）、校内非正式途径（学生团体、校园文化氛围）、校外正式途径（校外教育、社会实践活动、社会文化教育机构、家庭教育等）、校外非正式途径（邻里、非正式社会、文化团体等）。

课程教学与德育的结合创新教育途径的多样性主要体现在德育途径之间在形式上的有机组合、在内容上的相互融合、在内涵上彼此渗透。相关课程可以充分挖掘自身特色和优势，提炼专业课程中蕴含的文化基因和价值范式，将其转化为社会主义核心价值观具体化、生动化的有效教学载体，在"润物细无声"的知识学习中融入理想信念层面的精神指引。

将课程教学与德育紧密融合，较好地推动了以生涯发展为导向的德育创新工作在促进学生成长过程中的独特作用。在集体的教育中能较好地引导学生对自我价值目标进行定位并思考，对于激发学生积极树立理想目标的过程起到积微成著的作用。又如将专业课程课堂教学与社会实践紧密结合，引导学生了解社会、适应社会，学会客观地认识自己、认识社会，从而调整自我，合理设计自己的职业生涯，对于理论的内化将起到润物细无声的作用。

将专业课程教学与共青团活动相结合，对共青团的工作内容、工作途径与工作方法都会产生积极的影响。同时，学校共青团组织为青少年学生未来职业的发展提供锤炼自身素质的平台，而学生在交流中合作、在互动中理解、在管理中检测自我存在的问题。这种组合的教育途径将对促进学生未来职业的发展产生潜移默化的育人效果。总之，每一次教育途径的有机组合总能产生特有的教育效果，每一次教育途径的创新组合都是施教者对教育真谛的理解，其内在的教育功能都能较好地激发受教者对自我内心的感知，驱动个体为理想目标自觉地采取行动。

（四）加强教育资源的整合性

整合是一个普通的词，主要指综合、融合、集成、成为整体、一体化等。从教育层面上理解，"整合"特指在学校的教育系统内，使各种教育要素整体协调、相互渗透，使系统各要素发挥最大的教育效能。所有不同专业的不同课程具有共同方面，任何课程都不是孤立发展的，彼此都处于一定的相互联系、相互作用之中。思政课与其他课程的内在联系必然导致两者之间的相互作用，引起课程体系的运动、变化和发展。教育是一个共同体，学校各个课程之间的联系是本身具有的，不是生搬硬套的。施教者要从教育整体性和全局观出发，把思政课直接的育人理念融入其他课程的教学之中，挖掘其他课程的隐性育人作用，实现思政课和其他课程教育目标的统一，形成所有课程的共同育人系统，从整体性、开放性观念构建学校德育教育体系。

（五）增强主体德育的实效性

课程思政与德育的结合可增强主体德育的实效性，主要体现在两个方面：

1. 促使德育目标具体化

我国学校的德育目标从教育整体目标来制定，从宏观方面规定学生的政治、思想与道德品质要求。为此，有的学者指出我国的德育目标有上限规定，而无下限要求，德育目标显得大而空。北京师范大学檀传宝教授提出德育目标的具体化就是要把德育目的落实为德育目标，并实现德育目标的层次化、序列化，也就是实现目标分类过程。德育目标具体化的首要任务是实现德育目的向德育目标的转化；将反映教育的一般本质和社会对教育的总需求，向各级各类学校教育的品德培养目标转化。檀传宝教授还认为德育目标除了考虑学段外，还应具体层次化，应包含某一年级、学期、单元的德育目标。

课程思政理论蕴含丰富的德育资源。在实施过程中将现实生活与专业理想、个人价值与社会价值、学校教育与自我教育紧密相连，把国家要求的德育目标结合个人要求变为具体可行、重要可信的价值目标，去影响一个人专业发展。如果说德育目标是社会对受教者整体的外在的要求，具有宏观性，课程思政在引导学生确立理想目标方面是内在的、具体而明晰的，那么，德育目标的外因性就具有方向性、理想性的价值意义功能，课程思政就具有技术性、差异性的价值功能。课程教学与德育的结合，由于两者内在的互补性，使德育回归现实生活，让学生不再感觉德育是虚无缥缈、可有可无的，而是主动将德育目标逐渐转化为自我发展的内在动力。德育工作的目标越贴近学生的思想实际和发展需要，就越易于被学生接受，学生就越能实实在在地感受到德育固有的价值魅力在个体发展中的作用。

2. 促使德育内容生活化

在课程思政背景下，思政课程要注重对学生进行社会主义核心价值观教育，要改革以往枯燥的讲授法，用新的教学形式向学生传递知识。在课堂上将理论知识与当前时政热点相结合，从专业的角度对学生感兴趣的话题进行深入剖析，增强思政课堂的趣味性，让学生在愉快的氛围中了解国家的方针政策，培养学生对国家建设的使命感和责任感。通识教育课程要注重在潜移默化中对学生进行理想信念教育，从课程内容、教学方法、师资力量、新媒体应用等方面建设通识教育课程体系，凸显通识教育课程的价值使命。各校根据自身办学特色开展通识教育课程，深入挖掘通识教育课程的育人资源。对于专业课程，教师要注重知识传授与价值引领的结合。对于哲学社会科学课程，教师要以马克思主义理论为指导，结合课程实际，对学生进行思想政治教育。对于自然科学课程，教师要对学生进行职业道德教育、社会责任教育、科学精神教育，让学生在学习知识之余思考生命以及自己职业的社会责任。在教学中，教师要自觉地将道德教育的理论环节与实践环节结合。教师要反思自我教育效果，从传统抽象的说教向关切并丰富学生的经验转变，从关注学生现实的生存状态向着眼于学生终身的道德需要转变。正是课程思政促使德育回归生活的过程，有效地把学校道德教育与道德主体的自主建构有机统一，进而增强学校德育的实效性。

第三节 五年制高职课程思政的实施

2017年，课程思政被纳入中央《关于深化教育体制机制改革的意见》；2018年，教育部先后印发《高校思想政治工作质量提升工程实施纲要》（教党〔2017〕62号）、《关于加强新时代高校"形势与政策"课建设的若干意见》（教思政〔2018〕313号），在全国推广"课程思政"。2017年、2018年，教育部先后两次在沪召开的现场推进会上推出课程思政的"上海方案"，所有省份则借鉴上海各校做法，推进本地改革。经过课程思政改革，学生普遍认为新时代的思政课有亲和力、有针对性。习近平新时代中国特色社会主义思想被及时传播到了学子们心间。

一、基于课程思政的五年制高职德育模式

在马克思主义认识论的指导下，在深入贯彻落实"以服务为宗旨，以就业为导向"的职业教育方针实践的过程中，一些学校暴露出对职业教育方针理解的偏颇，出现学生职业发展教育的短视现象。对国内外相关文献进行比较、分析，发现欧美发达国家职业教育的基本趋势是把受教者的终身发展作为教育目标，比如21世纪美国职业教育理念"从学校到工作"发展到"从学校到生涯"。因此，我们要不断地赋予我国职业教育方针新的内涵，才能更好地指导我国职业教育深入开展。职业教育实施课程思政，建立"以课程思政为导向的'三全'德育工作"理念，是我们在教育的实践中不断反思，进而在理性总结的基础上探索的结果。

一个人的价值是否得以实现，主要体现在是否有利于社会的发展。关注德育在每一位职业院校学生一生的发展道路中的价值作用，探寻高等职业院校有效的实践教育途径与方法是中心问题。在此基础上，学校要构建以课程思政为导向的德育工作模式，关注每一位高职学生可持续发展的能力，更要关注把受教者培养成未来企业需要的优秀员工。按照《中国高等学校德育大纲》、五年

制高职教育目标的要求,学校要以课堂教学为载体,将受教者的思想道德修养贯穿于课程教学的每一个环节中,更好地促进高等职业院校"德育目标具体化、德育内容生活化、德育途径多样化、德育方法科学化"德育工作模式的建构。

詹万生教授在《和谐德育》一文中提出:德育管理是德育工作的前提,贯穿于德育的每一个环节中;德育目标是学校德育工作的价值导向系统,是其他要素发挥作用的出发点和归宿;德育内容是德育工作的媒介系统,是其他德育要素发挥作用的凭借与依托;德育途径是德育工作的时空领域与实施系统,决定了德育工作的效率与合力;德育评价则是德育工作的机制保障系统。要着重将德育管理、德育目标、德育内容、德育途径、德育评价这五要素融合在学生课程课堂教学实施中,构建一个体系相对完整、内容相互关联、机制相互作用的以生涯发展为导向的五年一贯制"四化一体"德育工作模式。

二、五年制高职课程思政实施要求

1. 提升教师对课程思政的认知

传统的思想政治教育往往是枯燥的、单调的,所以课程思政的教学理念也往往会被其他课程的教师误以为是在专业课程中强加思政话题,从而大大打击了其他课程教师对课程思政改革的积极性。不同专业的课程的教师对课程思政教育理念的理解也不尽相同。理论课的专业教师相比于实践课的专业教师在对课程思政的理解层面会高一些。学校要强化培训,重塑理念,让广大教师明白新时代人才培养的质量观。杨福家教授曾说:"一流大学教出来的学生不但博学、优雅,而且懂得如何做人,并且是始终把国家和人民利益放在首位的合格公民。"高等职业院校要加快制定学生终身发展和社会需要的核心素养体系和学业标准体系。思政课教学要立足习近平新时代中国特色社会主义制度背景,用思政课程的学术观点,解决"为谁主张""为谁服务"的价值追问。思政课程要上出"学术味"。教师要旗帜鲜明地将马克思主义的立场、观点、方法贯穿到整个教学过程中,及时把最新研究成果转化为思政课的教学内容,让思政课走进学科前沿,更有学术味、更有穿透力,推动中国特色社会主义理论体系进教材、进课堂、进头脑。专业课程教学要切实突出专业课程教学的育人导向,依据不同性质的专业课程,通过大量的与专业课相关的信息资源、典型案例的收集,结合专业课程本身的特点,提炼出核心价值观教育具体而生动的德育内容,让专业课上出"思政味"。同时,学校要培养学生的爱国情怀、法治意识、社会责任、文化自信、人文精神等,做到"显性思政"与"隐性思政"同向同行,形成协同育人效益,使广大教师明白"三全育人"的重要性。

2. 重塑教师的教学理念

教师是课程思政教学体系构建的关键。教师的育人理念和育人能力是实现百年大计、立德树人的重要保障。在《论国民教育部的政策问题》中，列宁充分肯定了社会主义建设中教育者的伟大作用，认为课程的思想政治方向都是由教学人员决定的，因此教师的政治水平和业务水平一定要提高。实施课程思政需要新发展理念引导，以创新理念激发课程思政的内在动力。要注重理论与实践上的双向创新，在理论上既要继承中国传统社会的思想政治教育资源和中国共产党思想政治教育的优良传统，又要借鉴国外思想政治教育的经验；在实践上立足新时代建设教育强国、培育时代新人的最大实际，使课程思政全员、全过程、全方位育人的理念在实践教学中成为高度思想自觉和科学方法手段。以协调发展形成课程思政的育人合力，打破思政课自身发展不平衡，其他课程育人不充分的现状，增强所有课程教学育人的合力，实现教育立德树人的总目标。以绿色可持续发展理念推动课程思政的良性发展，通过合理使用课堂教学的各种资源，以实现思政课和其他课程协同发展。以开放视角打开课程思政的发展思路，打破其他课程回避思想政治教育的现实，加强思政课与其他课程之间的对话交流、互学互鉴，吸收其他课程的优秀成果，同时挖掘其他课程中的思想政治教育资源。要实现课程思政的育人理念，就要创新传统的思政理论课教学，制定完善的课程思政教育体系。从教师的教学理念及教学方法着手进行改革，不仅要从思政教师的教学内容以及教学方法上进行改变，增强其他课程教师对德育的引领价值意识，明确德育工作与价值观教育不仅仅是思政教师的工作职责，还要将德育扩展到教育教学全过程。

3. 完善"课程思政"建设制度

为学校"课程思政"建设提供制度保障，就要建立一套行之有效的领导机制、管理机制、践行机制、监督评价机制和激励机制。在领导机制方面，学校要重视课程思政建设，担起主体责任。要立足学校的办学定位和办学特色，以习近平新时代中国特色社会主义思想为指导，开展"大学习，大讨论，大调研"活动，让习近平新时代社会主义思想在学科专业建设中"涨力"、在教材中"显形"、在论坛上"发声"。在管理机制方面，学校及所属教务处、各职能部门、各二级学院要明确自己在课程思政建设中的定位，形成有效的管理机制。教务处要加强对课程培养方案、教材建设、授课情况等教学环节的管理。学校在开展课程建设时，应明确将思政目标和知识、能力目标作为课程质量标准的重要组成部分，列入课程质量评价体系考核要点，要加强对课程培养方案、教案、教材选定、思政标准等关键教学环节的管理。在践行机制方面，学校各部门要分工合理，明确责任，同时要整合资源，进行合作，形成课程思政建设合力。在监督评价机制方面，学校要以"立德树人"为指导理念，将学生的成长发展作为评价标准。同时建立有效的监督体制，避免课程思政在教学实践过程中走过场的情况。在激励机制方面，学校要对主动加入课程思政建设，并且为之做出贡献的教师给予奖励,在物质保障和制度保障的基础上提高每一位教师参与"课程思政"建设的积极性。

三、以课程思政为导向的德育实施途径与方法

德育从传统抽象的说教向关切并丰富学生的经验转变,从关注学生现实的生存状态向着眼于学生终身发展的道德需要转变。以课程思政为导向的德育工作,在实施过程中促使德育回归生活,有效地把学校道德教育与道德主体的自主建构有机地统一。在实施途径与方法方面采取如下七点措施:在日常生活中养成、在课堂认知中学习、在创业教育中感悟、在社会实践中体会、在专业实践中升华、在顶岗实训中强化、在困难挫折中反思。

(一)以课程思政为导向的德育工作整合

课程思政理念下的课程育人植根于中华传统文化和优秀的道德传统之中,具有重要的德育价值,为高职学生品德养成教育工作的开展指明了方向。如爱国主义教育、集体主义教育和公民个人素质教育的核心理念有利于纠正当前学校德育中普遍存在的重技能、轻品德培养的不良倾向,促进高职学生的全面发展。以课程思政为导向的德育工作即建构一个包含通识教育、学校文化、社会实践等方面的德育模式,形成协同育人效应。

1. 通识教育是高职德育工作的基础

通识教育是一种开试听、启心智的教育模式。通识教育的本质是价值观的教育。通识教育的主旨与高职德育工作是相通的,都提倡发挥学生在教育过程中的主观能动性。因此,通识教育应当成为高职德育工作的主渠道,通过开放式、多元化的内容引导,唤醒高职学生在品德养成上的主体自觉,最终确立全面和谐的品德价值观念。要树立社会主义核心价值观为导向的通识教育理念;要把培育核心价值观作为高职学生通识教育的教学目的,把是否符合核心价值观、自觉践行核心价值观作为评判教学实效和教学效果的标准;要确立社会主义核心价值观在通识教育中的引领地位,正视多元化价值观念的现实存在性,努力实现通识教育中核心价值观引导下多元价值观念的和谐共存与发展;要树立高职学生为品德教育主体的观念,尊重高职学生在品德水平上的个性差异和价值选择,充分调动高职学生在通识教育中汲取传统道德文化资源和践行社会主义核心价值观的主观能动性;要突出传统道德文化资源的通识教育内容。开展高职学生通识教育,要深入挖掘和阐发中华优秀传统文化中"讲仁爱、重民本、守诚信、崇正义、尚和合、求大同"等传统道德文化资源的时代价值,通识教育要突出家国教育、诚信理想教育在高职学生情感认知上的认同和感知,自觉将国家形象、集体利益和个人理想有机统一并付诸行动。要注重新媒体技术在高职课程教学中的运用,充分利用网络教育资源和多媒体技术,加强高职

德育工作的思想性、感知性和趣味性，切实加强高职德育的时代性和有效性。针对高职德育工作中存在的热点、难点问题，积极开展以社会调研、参观学习、志愿服务等社会实践形式，带领高职学生走出课堂、走上社会，增强高职学生的实践认知与价值认同，在实践历练与调查研究中实现高职学生德育理论和育人实践的共同提升。

2. 学校文化是构建高职德育氛围的保障

学校文化是高职德育工作的重要载体。学校要把在长期办学实践中积淀的办学理念、校园文化和价值取向与高职学生道德素养的内在要求相结合，将核心价值观内化为高职学生的本质和追求，继而使之成为高职学生的共同价值追求。在校园文化活动方面，要侧重对品德主题活动的策划，突出品德的主题和目的性，把主流价值观教育寓于丰富多彩的德育校园文化活动当中，增强高职德育的文化熏陶和浸染。要积极培育高职德育文化新载体，全面把握信息时代的特点和学生思想倾向的变化，发挥网络载体在高职德育工作中的积极作用，使网络平台成为高职德育工作的重要阵地。要通过加强校报与校刊、电台与广播、网站、宣传窗口、文化墙等建设，形成一种清新健康、积极向上的育人氛围。要充分发挥网络信息丰富、传播迅速的优势，建立高职德育工作专题网站，将传统道德文化、品德政策方针以及富有教育意义和思想内涵的热点新闻、文化作品传递给广大高职学生。要通过建立 QQ 群、微信群、微博等高职德育互动平台，充分发挥网络交互性强、覆盖面广的优势，触摸当代高职学生思想深处，做好排忧解难和思想引领工作。

3. 社会实践是高职德育工作的关键

以品德养成为重点，强化实践引领。品德是高职学生人才培养的首要任务。有品德的教师才是国家发展、民族进步之本。培养高职学生的品德修养，重在建立高职学生品德评价标准体系，明确品德养成的目标和方向，促使高职学生充分发挥自我主体作用。要注重运用情景模拟、换位思考等方法引导高职学生进行品德体验，注重用正反面品德典型来引导高职学生确立品德典范，注重在热难点、焦点和疑点问题上澄清品德认识。要以学风建设为重点，强化教学引导，在学风建设中渗透品德教育内容，引导学生树立体现中华民族传统道德的崇高理想信念，体现时代精神的行为规范，提高高职学生对职业道德的认知和践行水平。要注重科学精神的培养，将"民主""平等""自由"等理念有机融入高职学生日常学习管理当中，培养他们的理性、批判、质疑、创新精神。要以教学实践为重点，开展行为引领。要不断拓展高职生社会实践平台，建立学习教育和生产劳动、技能训练、社会服务相结合的实践机制，培养学生热爱劳动、勇于实践的良好品质。

（二）创新多样化的德育途径

1. 实施校企文化对接

2017年10月18日，习近平总书记在十九大报告中指出，要优先发展教育事业，完善职业教育和培训体系，深化产教融合、校企合作。校企合作又称产学结合，是指学校与企业建立的一种合作模式。校企合作是一种注重培养质量，注重在校学习与企业实践，注重学校与企业资源、信息共享的"双赢"模式。校企合作做到了应社会所需，与市场接轨，与企业合作，实践与理论相结合，为教育行业的发展带来了春天。对学校而言，开展校企合作能有效地引导学校洞察企业对人才市场需求的数量与质量的要求，促使学校确定人才培养目标，确立服务企业的办学理念，明确人才培养的质量要求，创新人才培养方案，变革人才培养的途径与方法，使之满足企业对技能紧缺型人才的需求。对企业而言，开展校企合作能有效地保证企业对技能紧缺型人力资源的开发需求，可以较好地解决企业对人才的培养途径与质量要求，为生涯发展搭建沟通的平台。学校要引导学生将校内课程学习与企业发展有机地统一起来，凸显出课程思政内在目标的导向性，使学生在落实课程学习的过程中，对企业提出的品质要求自觉进行内化，起到"随风潜入夜，润物细无声"、事半功倍的教育效果。校企合作能促使学生以未来的目标指导今天的行动，较好地推动学生职业生涯的发展。

2. 建立家校互动平台

一个人的成长离不开家庭的早期教育，离不开学校系统化的知识培育，离不开社会全方位的影响。相比较而言，学校与家庭连接的渠道比较便捷，合作教育的效果比较突出，因此，建立家校教育互动平台，深入落实以生涯发展为导向的德育工作，不仅可行，而且可起到推波助澜的作用。利用家校互动平台主要是让家庭规范学生的行为，结合家庭对职业的认识、孩子个性爱好的了解，与学校共同开展学生德育，建立学生详细的档案袋，有利于学校更好地因材施德。学校要按照课程思政理论，结合学生自身实际指导学生开展课程教学，让家长参与规划，让教师具体指导，让企业担当顾问。这样的课程思政会增强目标导向的价值作用、德育推动的基石作用，扎实地把工作落实在学生个体的发展中。

3. 推动挫折教育反思

五年制高等职业院校要有意识地创造不同情境，搭建不同平台，既给学生崭露头角的机会，又要在机会中有意识地创造挫折环境，让学生在挫折教育中反思自己的个性特征、心理素质、个人修养、能力要求、技能水平等。团委、学生会可以比拟企业，公开招聘学生自管体系不同的职位，要求同学结合专业学习进行岗位职责描述、岗位前景规划的竞聘演说，请成功者谈成功之道，失利者谈心中感受。对竞聘上的学生干部建立个人成长档案，实施动态考核，坚持岗位述职、述德、述廉、述绩，实施民主评议，营造学生会成员能进能出，干部、委员能上能下的用人机制。在模拟企业的招聘中，创造仿真环境，多用正面案例引导、反面案例教育，培养广大学生的心理承受能力，使大家深刻地认识到德才兼备是职业发展中的永恒话题。

（三）将课程思政融入创新创业教育

在就业形势日趋严峻的背景下，学校要推进创新精神、创业能力与课程思政有机融合，将创新创业教育融入课堂教学中，使学生从入学初期就初步建立职业理想，增强学生的就业创业能力，提高人才培养质量；将课程思政为导向的德育工作有机地融入创业教育，通过创业实践和个人体验将知识和技能转化为创新能力和创业素质；让学生在学校接受知识教育、学习技能、增长道德智慧的基础上，把学到的理论知识运用到真实的职业工作环境中，深刻地感悟到职场生涯的复杂多变，塑造健全的人格，规划好职业人生。无论是推进学生眼前的就业工作，还是促进学生职业发展，都尤为重要。基于课程思政与创业教育课程在培养目标、课程内容和教学方法手段上都有共同性，学校要构建课程思政与创业教育四阶段一体化课程。

1. 以心理学为导向培养学生健康的心理意识

创业教育是课程思政的起点。学校要将心理学的课程设置为以激发学习兴趣为主，同时将心理健康教育内容融入其中。此阶段的授课任务应由有心理学经验的教师承担，通过心理测验、游戏、经典心理案例分析等方式，对学生进行心理分析、评测，帮助学生在认识自我、了解自我的同时，使用简单的测评工具，对自身心理问题进行评测。这一方面可以帮助学生树立学习意识、激发潜在的求职欲望，另一方面可以帮助学生了解心理学知识，形成健康的心理意识。

2. 以社会学为基础培养学生的创业意识

从学生开始涉猎专业课后，学校要让学生在学习专业知识的同时补充社会学知识，有针对性地引导学生树立创业意识，分析就业与创业的共同之处，以创业的视角去看待工作、认识职业；在课堂教学中结合学生的兴趣类型、专业特点制定个性化的"职业创业教学包"。

3. 以专业课程为核心培养学生的创新创业精神

本阶段的中心任务是培养学生作为创业者应具有的精神和能力。这些精神和能力包括创业精神，创业者领导力、决策力、承担风险的能力、创业思维能力。学校要将来自企业的真实项目引入核心专业课中，开展项目模拟实践。在这一阶段着力于专业核心能力、跨专业协同能力的综合实践教育，针对不同专业的特点，设置创新训练项目、创业训练项目和创业实践项目。

4. 以就业为目标培养学生的就业能力

此阶段的中心任务是从就业视角培养学生的就业能力。一方面，学校要设置真实的工作情境，帮助学生了解企业和求职、面试的过程，完善求职档案；另一方面，学校要借助校外实验实训基地，创造创业环境。学校要通过帮助与扶持，让学生在实践工作中施展各项才能，更好地完成从学生向职业人的转变。

第八章

基于活动德育的五年制高职德育模式构建

第一节　基于活动德育的高职德育改革

德育是非知识素质教育，着重培养学生思想道德层面的素养，挖掘学生内在的优秀素质。德育并不要求学生掌握一定的知识量，而是让学生对已具备的知识产生新的认知，所以它是一种知识升华的过程。学生原有的知识结构决定了学生的思想结构和意识形态。由于学生的知识储备和生活阅历的限制，学生原知识结构支撑的思想体系具有一定的局限性。五年制高等职业院校德育教育的目的就是通过德育对学生的原知识结构进行升华，进而提升学生的思想道德水平。活动德育模式能够最大限度地发挥德育内容中的思想教育作用，引导学生进行正确的自我提升，帮助学生实现内在品质的升华。

一、活动德育实践原则

活动德育就是学校通过创设有道德教育意义的各种活动载体，引导学生自主选择并参与各种活动，从而增强道德认识，追求自主发展。活动德育模式有其自身的实践原则。

（一）有效地激发学生学习的自主性

如何使学生成为德育学习真正的主人，在自主学习中提升德育水平，是每个德育工作者需要思考的问题。自主性学习是相对于"被动性学习""机械性学习""他主性学习"而言的。自主性学习实际就是学习者能够认知自己的知识、能力等缺陷，根据学习能力、学习动机等要求，积极主动地调整自己的学习策略和努力程度，自主地学习知识、技能等的行为。针对学生的原知识结构进行教育，需要学生自主地配合，只有学生主动地、独立地对知识内容进行思考与批判，才能实现知识结构的升级和思想道德观念的重塑。为了帮助学生挖掘并运用自身的独立思考能力，活动德育必须从教学角度对学生进行合理的引导，激发学生的德育学习自主性。学生自主地对优秀思想文化进行探索，能感悟到现实生活的美好以及卓越品德的优秀，进而形成积极向上的精神面貌。积极的精神面貌和自主学习能力的提升和增强不仅能够帮助学生更好地学习德育课程，而且可以帮助学生在其他学科教学活动中增强学习效果。所以，有效地激发学生学习的自主性是非常必要的。

（二）有效地发挥教师的引导作用

突出学生的主体地位，并不意味着教师对教学活动失去引导，也不是削弱教师在教学系统中的作用。学生参与教学活动的自主性越大，对教师的教学要求越高，越需要教师以更高级的教学身份和更优化的教学艺术参与教学活动，实现其教学职能，充分发挥引导作用。学生在德育课程中的自主学习能力的发挥，建立在教师对学生的有效引导基础之上。在活动德育模式下，教师应转变灌输式教学的传统德育理念，利用教学环境、教学内容以及合理的教学策略来引导学生自主地探索和学习。教师对学生的引导能力不是体现在德育教学成绩上，而是体现在学生对德育知识融会贯通的程度上。学生的精神面貌是检验教学效果的核心标准。

教师在活动德育模式实践应用的过程当中，要激发学生的学习兴趣，引导学生对知识内容进行自主思考，帮助学生对知识内容进行合理的思维批判，使学生逐渐形成正确的意识形态，并用它来指导现实生活中的行为。活动德育需要教师不断引导和教育，这也正是教师引导能力需要着重发挥之处。教师在激发学生的某些特定行为之后，引导学生通过行为发生的过程切身体会到实践知识的重要性，从而使学生在行为活动中"习得"德育知识，挖掘自身内在的优秀素质。

二、活动德育模式下高职德育模式的构建

著名教育家陶行知曾说过，"德是做人的根本，根本一坏，纵然你有一些学问的本领，也无甚用处"。德育工作是高等职业院校教育工作的重要组成部分，丰富多彩的德育活动不仅能培养学生良好的道德品质，还能锻炼学生坚强的意志，使之养成良好的行为习惯。

（一）优化德育课程设计

活动教学法，也称活动型教学法，是一种新型的教学方法，一般是指教师根据教学要求和学生获取知识的过程为学生提供适当的教学情境，根据学生身心发展的程度和特点，让学生凭自己的能力参与阅读、讨论、游戏、学具操作等来学习知识的课堂教学方法或过程。这种教学方法的特点是学生参与活动，通过听觉、视觉、空间知觉、触觉等在大脑指挥下协同活动而获取知识。活动教学法在高等职业院校德育中的应用，是对德育课程的实践方式的优化。为了能够最大限度地发挥活动教学法的作用，高等职业院校应优化德育课程规划设计，充分增加德育课程的实践活动的占有比重，并优化德育理论内容的传授方

式。同时，应对德育课程的实践活动主题进行科学设计，使德育活动能够更有效地引导学生行为。随着时代的发展，高等职业院校德育的实践活动主题应充分发挥国家新时期精神文明建设的思想核心作用，融入社会主义核心价值观内涵与中国优秀传统文化精髓，最大限度利用德育的实践活动主体来向学生传递先进的思想和科学观念，引导学生思想道德发展方向与社会发展相衔接，使学生的综合素质与社会经济建设的实际需要相结合。

（二）实施学生德育学分制管理

为加强德育评价的针对性和实效性，有效引导和规范学生的思想和行为，高等职业院校可在德育和管理工作中引入学分制管理模式，实行德育学分制管理。构建学生德育学分制体系是为了对学生德育践行活动进行监督和约束，也是提升学生德育水平的重要辅助性教育策略。在德育学分制模式下，学校以学分的形式对没有纳入学校课程体系的学生思想、行为、素质、能力等内容予以记录，并做出评价。首先，对学生的学习活动、日常生活活动以及社会生活活动中的行为进行监督与考量，从道德角度来分析与评定学生的行为正确性，并给予相应的分数统计。其次，对学生的德育学分进行综合性的评定，将评定结果加入毕业档案中。加强学生德育学分制管理，是对学生行为进行约束和监督的重要手段，能够从行为角度规范学生的道德观念，实现道德素养和优秀品质的长期养成。"互联网＋"在高等职业院校活动德育模式中的融入，不仅是技术层面的优化，更重要的是还将现代信息化观念贯彻到学生的思想行为活动中，使学生的社会行为活动与时代紧密衔接。将"互联网＋"融入学生德育学分制管理模式中，可以丰富学生德育学分制体系的监督和考量手段，使其监督范围由学生在现实生活中的行为扩展到学生的网络行为，特别是在当前多元化社会思潮涌动的背景下，对学生的言论行为和网络活动参与行为进行约束和监督，不但能够帮助学生规范自身行为，而且对维护高等职业院校校园思想环境起到积极的作用。

（三）构建"双微"德育互动平台

以微博、微信为代表的"双微时代"的到来，为学校德育工作提供了新的契机和可能。在双微平台上，学生不仅可以获得喜闻乐见的德育知识，还可以释放自我，促进心灵成长。学校应巧用双微平台扩展德育工作，充分借助其开放性、即时性、互动性的特点，不断更新教育观念，实现教育方式的革新。随着多媒体信息传播技术的广泛普及，活动德育教学模式应积极利用互联网技术在信息传播中的优势，将德育内容通过更加广阔的途径向学生传递。为发挥活动德育模式的教学优势，教师应利用互动交流的形式和丰富的网络教育内容来引导学生思想道德水平的提升。利用"双微"德育互动平台能够极大地丰富德育的活动主题。教师应精心甄选教育主题，选择能与学生实际接受能力相符，并能激发学生互动参与积极性的德育主题。在确定主题方向后,应填充教学内容并上传至校园网络互动平台,组织学生进行观摩与学习。教师在平台中可以引导学生就德育主题自由发表见解和评论,学生之间也可以自由辩论和交流探讨。教师要实时观察学生的行为,分析学生的德育践行能力水平和问题所在,并给予正确的引导教育以及适当的批评和指正。

(四)完善德育评价体系

高等职业院校学生德育评价体系涉及学生评价的全面性、准确性和客观性。合理而具有操作性的评价体系的构建是活动德育模式构建中的重要部分。德育评价体系不仅要发挥对学生的德育水平进行评价的作用,更重要的是还要发挥鼓励和引导的作用,增强学生自主学习的自信心,同时鼓励学生继续挖掘自身的内在潜能。德育评价体系与德育学分制的区别在于应用目的不同:后者强调监督,是学生德育水平成长的外在影响因素;而前者的考量作用仅仅局限于德育教学活动与学习活动层面,其核心影响力是从隐性教育角度激发学生自主学习的信心和积极性,进而间接地推动学生德育水平的提高。

为使高等职业院校德育评价体系发挥应有的作用,考评的范围应界定在学生的德育学习过程当中,并界定在学生学习活动中表现出的内在素质侧面,而不是学生的考试成绩。通过对学生的内在素质进行考评,教师可以掌握学生的实际德育水平并可以针对性地进行教育。同时,考评结果也给了学生客观的人格与品质评价,对学生的自我成长具有极其重要的意义。

第二节　五年制高等职业院校活动德育课程体系的构建

经过几轮评估和示范院校建设,高等职业院校的德育工作呈现出"百花齐放"的态势,但是在顶层设计方面,尤其是德育课程建设中还缺乏系统化、结构化的设计。因此,学校的特色还不够鲜明,尤其是学校的德育活动虽然很多,但有些活动比较零散,有些活动又因为计划不全面,导致活动时学生手忙脚乱。学校要充分发挥课程建设在学校德育工作中的重要功能,以德育活动课程为突破口,以人的全面发展和社会发展的需求为根本出发点,确立"德育活动课程化"的德育发展思路,构建富有校本特色、利于学生学有特长、全面健康发展的活动德育课程体系。

一、五年制高等职业院校德育课程体系建设的内涵及意义

什么是德育呢?《中国大百科全书·教育》对德育的界定是:"德育是施教者根据一定社会或阶级的要求,有目的、有计划、有组织地对受教者施加系统的影响,把一定的社会思想和道德转化为个体思想意识和道德品质的教育。"什

么是德育课程呢？檀传宝指出：德育课程是道德教育内容和教育影响的形式之一，是学校道德教育内容与学习经验的组织形式。我们认为，德育课程就是学校实施德育的一切形式与内容。高等职业教育作为我国高等教育重要的组成部分，担负着为国家培养并输送高素质技能型人才的重任，是实施科教兴国战略、促进经济发展的必然选择。课程作为育人的方案和载体，是实现高职教育目标的坚实基础和重要保障。高等职业院校德育课程是高职学生德育的主渠道，是提高教学实效性的有效途径。如果德育课程不适宜，不能反映时代的需要，德育目标就会落空。世界各国都十分重视职业学校德育工作，把德育课程改革作为职业教育的紧迫任务来对待。

二、五年制高等职业院校活动德育课程体系构建的主体思想

活动德育课程建设就是指学校参照学科课程有计划、有体系地组织实施德育活动的过程。在学校文化建设和德育品牌打造过程中，活动德育课程建设也是重要的一环。借鉴学科课程目标明确、体系健全、环环相扣、螺旋上升的优点，精准设计和实施德育活动，有助于彰显学校独特的德育目标，突出办学特色，让校园生活更好地体现出学校特质。

（一）构建以学生为本的德育课程体系

坚持以人为本、全面实施素质教育是教育改革发展的主题，是贯彻党的教育方针的时代要求。而以人的成长为核心而构建起来的多元化活动德育课程体系，使人的生命得到敬畏与关怀，使教育主体获得生动、活泼、健康、全面的发展，使德育工作的实效性大大增强。以"学生为本"就是要承认并尊重学生的个体差别和个性差异，顺应学生身心发展的规律，因人而异，因材施教。教师更要准确地认识学生、了解学生、熟悉学生，及时地与学生沟通，掌握学生的心理特点和行为特点，找出他们的共同点与差异点，争取做到对症下药，因人施教。以人为本，前提是尊重学生，把尊重学生、关心学生、服务学生、热爱学生、感染学生贯穿整个教育的全过程。德育课程的重点应该放在学生的兴趣上，因为兴趣是最好的老师。

活动德育课程应该想方设法调动学生学习的积极性，使学生热爱德育、喜欢德育、欣赏德育和接受德育，这样才能使德育走进学生的心里，深入学生的灵魂。只有立足学生本身，从学生的真正需要出发，才能真正体现德育的本质，实现德育的目标。

（二）构建依托生活的德育课程体系

美国教育家杜威提出了"教育即生活"的命题，而我国教育家陶行知提出了"生活即教育"的主张。两者虽有所区别，但都强调了教育与生活的密切关系，指明了生活是教育的源头活水。学校应努力构建科学完善的生活化德育体

系，引导学生感受生活、融入生活，在生活实践中获得道德体验，在体验中养成良好德行，促进学生的健康成长、全面发展。生活是一切德育的源头。德育应该回归丰富多彩的日常生活，让学生体验生活性德育和生命的乐趣，找到德育的本源。德育离开体验，离开生活，是达不到其教育目的的。德育只有回到生活中，渗透到学生生活中，才能真正成为学生精神生活的需要。学生只有亲身经历，全身心地投入、参与生活，他们的体会和感悟才能更深刻。例如，关于什么是亲情和爱情，什么是孝敬，什么是爱国主义，什么是友谊和关怀，等等，学生从实际生活中去体验，从生活中悟出道理，其效果往往超出德育的灌输教育效力。德育课程应该贴近学生的生活，指导学生的生活。过去的德育课程总是高大上，让学生一学就烦，没有实际的指导意义。重视生活，实施生活德育，已经成为时代的重要使命。只有重视生活德育，才能促进学生道德的全面发展。

（三）构建突出活动的德育课程体系

一个人良好思想品德的形成，需要多种情感的渗透，而系统开展德育活动课正是产生多种情感的重要途径。活动课形式丰富多样，让学生始终在愉快中接受教育，符合素质教育的要求。活动是人的根本存在方式，是人保持生命力的法宝。德育活动课程就是通过活动实现德育的目的。它主要包括课上的一系列德育教学活动，校园内的体育活动、文艺活动、知识竞赛活动，校园外的顶岗实习活动、义务劳动及社会服务活动，等等。德育通过课上活动，让学生学会记忆与理解，学会思考，学会举一反三。德育通过校园内的一系列活动，让学生学会团结与合作，学会理解与宽容，学会竞争与进取。德育通过校园外的一系列活动，让学生懂得劳动与付出，知道责任与担当，明白自我价值与社会价值。通过这些活动，学生对思想品德水平会有一个相对理性的认识，其思想品德水平会达到一个新的境界。若仅仅凭借书本和任课教师的灌输，学生很难有深刻的体会。若学生能通过各种活动和实践亲身体验生活，就会获得真切的感受和体验，升华自己的认识，不断地提高素质，增强能力，适应现代社会发展的需求，从而达到全面发展的目的。

（四）构建突出人文的德育课程体系

在实施全面推进素质教育的战略过程中，以德育为核心的人文教育得到全面加强。人文教育就是人文科学的教育，即专业知识、专业技能并重的丰富的人类文化内蕴的教育。它教人怎样认识人、怎样懂得人、怎样做人。它关注的是人的健康成长，提倡人与人、人与社会、人与自然和谐共处。人文教育就是人文精神的教育，就是通过人文知识的教育，培养学生热爱生命、热爱生活、热爱自然、热爱社会的人文情怀。人是社会的人。人的一切活动离不开社会。人文教育，就是要教育学生正确处理好个人与他人、个人与集体、个人与社会的关系，学会关心亲人、关心他人、关心集体、关心社会和关心世界。博大精深的人文知识，会促进学生德育水平的提高，能够加深学生对德育理念的认同。人是教育的中心，也是教育的目的；人是教育的出发点，也是教育的归宿；人是教育的基础，也是教育的根本。只有对学生进行人文教育，才能全面提升学生的综合素质，才能培养出德、智、体、美、劳全面发展的社会主义事业的建设者和接班人，才能实现中华民族伟大复兴的中国梦。

三、德育课程体系的构建要突出层次性与递进性

高等职业院校校肩负着为祖国培养社会主义建设者的重任，如何培养德才兼备的劳动者是众多高等职业院校面临的难题，所以高等职业院校越来越关注德育课程体系的构建这个源头问题。传统的德育课程不关注学生的群体差异和个体差异，不分层次地对待所有年级的学生，千篇一律，直接导致了德育的失效。德育应该根据学生不同的身心发展特点，分年级、分层次地进行。

比较《中等职业学校德育大纲》与《中国普通高等学校德育大纲》，五年制高等职业院校的德育目标应包括道德品质、思想品质、心理品质、政治品质和职业品质五个方面。高等职业院校要比照中等职业学校和高等职业院校的德育课程设置，依据德育目标，结合学制特点，确定五年制分层次德育内容，按"道德—思想—政治"的顺序设置德育课程。一年级学生刚刚入学，正处于生理和心理上的断乳期。有的学生还不适应刚刚离开家的生活，没有心思好好学习；有的学生没有生活自理能力。针对一年级学生，应注重生活德育课程的教授，让学生学习与生活等有关的知识。针对以上特点，德育教师应该开展一系列的辅导和座谈会，帮助学生树立良好的学业自我认知，树立自信，学会生活，争取早日投入正常的学习。二年级学生已经熟悉了学校环境和校园周围环境，经过一年的磨炼相对成熟一些，因此，德育课程应该设置一些社会责任、家庭责任方面的内容，设置努力与奋斗方面的内容，引导学生顺利过渡到三年级。三年级学生比二年级学生专业学习的压力大，很多学生容易自暴自弃，因此，德育课程应该讲授付出与收获、恒心与毅力这方面的内容，引导学生顺利成长。四年级学生更关心就业和创业问题，因此，德育课程应该设置就业指导和创业指导方面的内容，指导学生顺利融入社会。五年级学生的主要任务是顶岗实习和考取各种资格证，因此，德育课程应该设置职业道德和资格考试方面的内容，帮助学生顺利毕业。

第三节　五年制高等职业院校德育课程结构优化策略

完整的德育课程应由三部分组成，即认知德育、活动德育和隐性德育，这三部分各有侧重，又相互影响，共同构成德育课程结构体系。所谓五年制高等职业教育德育课程结构优化，就是从五年制高等职业院校德育的现状出发，改革原有德育课程，合理重组认知课程所包含的内容和进程，充分发挥活动性课程特有的功能，有意识地构建隐性课程，优化组合，构建符合社会发展要求和人的全面发展要求的德育课程结构体系。

一、改进认知德育课程

（一）认知德育课程概述

认知德育课程是学校于正式课程之中规定的思想品德教育课程，是系统传授有关道德的和思想政治的知识、观念、理论，以促进受教者思想道德认识、观念、理想乃至道德情感、意志、行为习惯的形成与发展的课程。现代认知德育课程的基本特征是探究，而道德教育的过程是鼓励学生不断进行批判性探究的过程。认知德育教会学生如何进行道德分析，培养学生的道德判断力和道德理解力，重视学生的独立思考。学生能在学校开设的认知德育课程中学到大量的德育知识，知道大量的德育术语，但德育行为改观不大。变革认知德育课程是德育课程结构优化的前提条件。

加强思想政治理论课建设是深入贯彻习近平总书记在全国思想政治理论课座谈会上的重要讲话精神的重要举措，是引导学生形成正确价值观的关键一步。但是，当前的思想政治理论课的实际效果并不理想。如何认识、怎样增强五年制高等职业院校认知德育课程的有效性，是每一个德育工作者必须思考的问题。

德育教材所遵循的内在逻辑应该是学生生活的逻辑，而不是学科知识或道德规范的逻辑。教材在模块设计上要与时俱进，突出正能量教育和实践教学。教材应更加贴近生活，用丰富有趣的故事内容吸引学生的注意力。脱离了生活的德育教材，必将导致道德和品德教育抽象化、客体化。生活是培养人的基础。脱离生活必将使这种培养因为失去了生活的依托而流于虚空、形式化、无效。

德育课程是生成性课程，不是原设性课程。对于生成性课程来说，教师和学生都是参与课程开发的主体，既是课程的传递者与吸收者，同时又是课程的构建者与创造者。生成性课程的开发与编制并不依赖专家、学者的权威，而依赖学习者与周围环境、与指导教师、与合作伙伴之间的交互作用。德育课程与学科课程相比，虽然有知识要求递进的层次性，但没有十分严密的逻辑结构。德育课程的主要支撑是社会需要和学生发展，在社会发展对个体道德修养呼唤日益强烈的情况下更是如此。因此，德育课程的目标、内容、方法、评价等应主要从社会需要和人的发展两方面予以勾画。

在心理学理论中，"知"指的是认知、观念。认知包括感知觉、意识和注意、记忆、思维。"情"指的是情绪、情感。情绪和情感是由独特的主观体验、外部表现、生理唤醒三种成分组成的。"意"指的是意志。"行"指的是行为。道德的"知""情""意""行"应该是一个连贯的整体。在相当多的学校教育中，认知德育课程给学生的仍然是有关道德的知识或道德方面的观念，它们是伦理学或道德学的知识内容与观念体系，而不是道德教育意义上的道德知识与道德观念。我们认为，认知德育课程主要解决知与不知的矛盾，属于智育范畴。在解决知与不知这个矛盾的基础上，进一步使学生实现由知到信、由信到行的两次飞跃，做到知、情、意、行的统一，则是德育要解决的问题。

（二）认知德育课程改进

根据德育课程本身所具有的特点，我们应在坚持以下几点原则的基础上，改进现有的认知德育课程。

1. 德育目标贴近生活

德育与一般性的知识传授、教学不同，它是心灵的塑造、品格的培育、行为的养成、道德的积淀，所以我们不能把德育封闭孤立起来，要利用德育关注、指导和引领学生的现实生活，让德育根植于现实生活和学生特殊的生活世界里。认知德育课程应以生活事件为素材组织教学内容，体现生活的逻辑。在德育目标的确定上，我们不仅要考虑社会的要求，还要重视学生自身成长的需要。在德育内容的安排上，我们不仅要依据社会规范，还要遵循学生的年龄特征和品德的形成发展规律。在德育途径和方法的运用上，我们不仅要发挥教师的主导作用，还要强调学生的主体参与。德育课作为一门课程，应当着重考察学生的道德行为能力，考查学生的思想品德实践。当前，学校要结合社会实际情况，根据社会发展，提出新的道德规范，制定新的德育课程标准，再结合学生实际，分阶段、分层次进行课堂教学内容和方法的改革。

2. 德育内容来源于生活

"德"不但要显于字、出于口，而且要化于心、立于行。学生品德的形成源于他们对生活的认识、体验和感悟。只有源于学生现实生活的教育活动，才能引发他们内心深处而非表面的道德情感。德育内容是为实现德育目标而确定和安排的特定的教育内容。德育内容的性质和构成由德育目标决定。德育内容的深度和广度受施教者思想品德发展水平的制约。德育内容应从学生思想品德存在的问题和现实社会的迫切要求出发。每个教育阶段都必须保证德育内容结构的序列性和完整性，同时又应该保证德育内容的渐进性和层次性，这也是"德育内容循序渐进"的要求。

3. 德育活动贯穿生活

德育过程其实就是通过"教"和"学"的活动,实现学生道德自觉的过程。必须转变教育思想和教育方法,不要"一刀切",要分层次;不要讲"高、大、空",要讲"近、小、实"。认知德育课程必须体现知、情、意、行诸环节,不能单纯传授知识。德育过程是知、情、意、行诸环节形成和发展的过程。只有知识传授系统,而无情感陶冶、意志磨炼、行为训练系统的德育不是完整的德育。完整德育应体现授之以知、动之以情、晓之以理、导之以行。

二、打造活动德育课程的主导地位

活动德育课程克服了理论德育课程中脱离学生实际、理论空洞等不利因素,课型、结构、内容设置更符合学生的思想品德形成和发展的规律。发现儿童落水、老人被撞后,谁都知道应该去救助,谁都有这方面的道德认知和判断,但是很多人没有采取相应的道德行为。虽然我们的所知与所为之间有着某种联系,但所知本身并不能决定所为。所以,解决学生"依道德认知来行动"这一道德教育领域中最古老、最根本的问题,也就是解决"知""行"脱节的问题,最主要也是最有效的途径之一是让学生参与有关的道德实践,进行有关的德育活动,即实施有关的德育活动课程。

(一) 实施活动德育课程的原则

参照近年来活动德育课程实施的经验,依据经验课程的本质、特性,实施活动德育课程的原则主要有以下几条。

1. 整体性原则

活动德育课程本身是有局限性的。注意活动德育评论的局限,扬长避短,就是要努力使活动德育课程与学科课程形成相互支持的互补关系。一方面,应当在活动中鼓励将学科德育课程中所学习的判断、分析能力和解决问题的策略运用于道德实践活动;另一方面,应当注意协调好学校、社会、家庭三者之间的关系,引导学生体悟活动中蕴藏的德育意义。这一原则体现三方面的内容:其一,学生的整体性参与。每个学生都应积极参加活动,但不必参加全部活动。其二,要坚持教育目标的整体优化,即在突出道德意志、情感、行为养成的同时,坚持德、智、体、美、劳全面发展,坚持知、情、意、行全面训练。其三,要考虑影响学生发展的各种教育因素的整体协调。这与认知课程的实施有明显的不同。认知德育课程的实施主要在校园内,而且一般在课堂内进行;而活动德育课程的实施则往往突破这一特定空间,在教室以外的校园环境、社会环境乃至家庭中进行。

2. 统一性原则

在考虑活动德育课程与社会生活关系时,我们应当考虑的是如何做到保持德育内容相对净化与社会生活实际之间的必要张力。还有一个重要的方面是活动德育课程开展本身需要社会有形或制度上的支持。换言之，学校必须尽量拆除有形和无形的"围墙"。这条原则要求学校根据自身的客观实际扬长避短，立足学生的情况，灵活地组织实施活动德育课程，尽量发挥学校自身的优势和社会支持。我们在组织活动德育课程时，要考虑的是如何利用已有条件最有效地组织教学，而不是等待条件。

3. 主体性原则

所谓主体性原则，是指在活动德育课程实施过程中要充分考虑学生学习的兴趣和需要。活动能否吸引学生是活动德育课程成败的关键。这一原则要求我们实施活动德育课程时应自始至终地将学生置于主体地位，把学生看作学习的主人，大胆放手，切忌越俎代庖。无数事实表明，学生的独立感、自信心及创造精神均是在学生的自主活动中形成的，并不断被强化。

（二）实施活动德育课程的重要意义

丰富多彩的德育活动能培养学生良好的道德品质和行为习惯，更能锻炼学生坚强的意志。活动德育课程的提出，拓宽了德育课程观念，使德育课程覆盖面更广，课程形式更为多样化，德育实效更明显。

1. 拓展德育课程领域

活动德育课程不仅从知、情、意、行各方面发展个体的品德素质，并且能把知、情、意、行的发展作为一个整体。在活动德育课程中教师仅起引导作用，学生的主体性得到了最大的发挥，学生独立解决问题的机会增多，因此，其认知能力得到了真正的培养。活动德育过程就是一个实践过程，学生在行的方面得到了最充分的训练。从活动德育课程的范畴来看，课程既可以在课堂内展开，也可以在课堂外展开；既可以在校园内进行，也可以通过校外实习或社会实践来实现。从活动德育课程的类型来看，课程既包括专业实习、学术性活动，又包括班团活动、组织生活、文娱活动、社会实践活动等。从活动德育课程实施过程中学生所处的状态来看，课程既可以是学生主动组织参与的活动，也可以是学校和班级开展的有组织、有计划的活动。活动德育课程的范围更加广泛，为德育课程建设提供了新的发展平台。

2. 体现德育过程的本质要求

德育过程是施教者根据一定的社会要求和受教者思想品德形成的规律，对受教者有目的地施加教育影响，并通过受教者的积极作用，使受教者养成施教者所期望的思想品德的过程。从这个意义上讲，德育过程是一个教与学的互动过程，受教者在施教者的要求、熏陶与感染之下，自觉地将社会的道德规范内化为自身的道德品质。德育过程与智育过程的本质区别不在于认知过程的内容和属性不同，而在于学生是否主动参与教育过程，是否亲自去认知、体验、践行，去实现教育内容的接纳和"内化"，进而将之转化为良好的行为习惯即"外化"，在更高层次上进行"内化"。因此，德育过程本身就具有实践活动的特点，或者说，德育本质上是一种理性的实践活动。德育过程的这一特点与活动性德育课程的实施过程具有良好的契合性。

3. 具有显著的育德效果

活动德育课程不仅能从知、情、意、行各方面发展个体的品德素质，并且能把知、情、意、行的发展作为一个整体。在为德育组织的活动课程中，学生需要对一些现象和问题进行判断和选择、理解和推理。

三、系统开发隐性德育课程

德育是一种全时空的教育，充斥着学习者生活的每一个角落。因此，学校德育光靠显性课程的教学显然不够，需开发隐性课程，以符合德育"行—知—行"的内在规律与要求。现行的显性课程与大力开发的隐性课程相辅相成，才能使德育取得实效。德育隐性课程能使学生在学校情境中无意识获得经验，以隐蔽的方式影响着学生的思想观念、价值观念、道德品德及行为方式。

（一）开发隐性德育课程的原则

隐性德育课程对学生德性的养成有着持久深远的影响。隐性德育课程开发要坚持以下原则：

1. 主体性原则

德育就其本质而言，其主体是学生。德育的效果取决于学生的参与程度。道德品质的形成是一种自觉体悟和主动追求的过程。德育课程的内容和实施形式，只有被学生认同，才能变成学生的自觉体悟和主动追求，进而内化为学生的道德性情。因此，要充分发挥学生在隐性德育课程资源开发过程中的主观能动性，鼓励学生主动、积极地参与隐性德育课程资源的开发和利用，让学生成为隐性德育课程资源开发的主人。

2. 生活性原则

德育是既严肃又通俗的教育。说它严肃，是因为德育培养的是人最重要、最本质的属性——道德品质；说它通俗，是因为不论德育的内容还是实施方式，都必须符合学生的生活实际，必须通俗化和生活化。生活中处处有德育。"在生活里找教育，为生活而教育。"学生的很多道德价值认知，往往不是在德育课堂中获得的，而是在其所处的现实生活中摄取的。因此，隐性德育课程资源的开发，要基于学生所处的、熟悉的生活环境，只有这样，开发出来的隐性德育课程资源才符合学生的现实生活实际，具有浓郁的生活味道和可接受性。

3. 显隐结合原则

美国德育心理学家柯尔柏格认为："隐性课程作为道德教育的重要手段，比显性课程来得更为有力。"我们强调、凸显隐性课程的德育功能并不是否认、排斥显性课程。二者在功能上是相互渗透、相互补充的。显性课程在提高学生的道德认知上具有不可替代的作用。社会道德规范、伦理要求主要是通过显性课程的教育来传递的。忽视道德知识的习得和道德判断能力的培养不可能达到理想的教育效果；同样地，不注重隐性课程的潜移默化，不注重个体觉悟，教育实效也不可能令人满意。只有通过两者的相互融合，才可能获得最佳的教育效果。

（二）隐性德育课程的开发

学生思想道德品质的形成和发展，不同年龄阶段的德育课程内容，都有其内在的逻辑规律。开发隐性德育课程资源时，必须在充分认识并遵循规律的基础上，沿着正确的开发路径，才能达到最优的开发效果。

1. 开发课程中的隐性德育元素

隐性德育课程是德育课程的一部分，是显性德育课程的延伸，是对学生进行道德教育的良好载体。这种德育课程隐含在学校各种显性课程之中，以无形的、潜移默化的方式影响着学生的思想道德，进而影响着学生的行为。课程中的隐性德育元素可从以下几个方面开发：一是开发显性德育课程中的隐性德育元素。德育教师是从事德育的专职教师，这就要求他们在教学时，在把握好外显的德育课内容的知识性、全面性、严谨性、前瞻性的基础上，把德育理论与生活实践结合起来，把课堂上的显性德育和隐性德育结合起来，注重德育的政治化与情感性相结合，以平等交流与个案商谈的方式走进学生的心灵，以朋友般的热情与亲和力帮助学生进行理性选择，以细致的方法疏导、占领大学生的思想领地，以润物无声的方式实现主流道德的渗透与内化。二是开发各科课程教学中的隐性德育元素。各科教师应认识到教师的职责不仅在于教书，还在于育人，即在向学生传授科学知识的同时，各科教师同样有责任将德育渗透到教学中，对学生进行思想品德教育。

2. 开发学校文化中的隐性德育元素

隐性课程是由杰克逊在1968年首先提出的。从杰克逊提出隐性课程的本意来看，隐性课程是一种无意识的教育，使学生在不知不觉中学习到非计划的内容。随着认识的不断深入，施教者逐渐认识到它的存在和作用，掌握了其规律，因此，隐性课程是可以计划的。学校文化中的隐性德育元素可从以下几个方面开发：一是开发校训、校风中的隐性德育元素。校训是建设学校的理念、思想，无疑会给学生留下深刻的印象。校风的德育作用在于能促进个人价值内化，并成为个体的一种心理定式，使个体有意或无意地按照它的精神塑造自己。这是一种最重要的精神力量。良好的校风可使学生在不知不觉中受到熏陶和感染，潜移默化地对他们的行为起规范、约束、推动和导向作用，并提高他们的内在素质，达到"润物细无声"的功效。二是开发学校制度文化中的隐性德育元素。学校在制定、完善学校规章制度时，要特别强调体现学生的参与性，体现以人为本的核心。三是开发教师人格中的隐性德育元素。在学校内部，管理者的人格因素，包括施教者的品德和公正意识，是决定学生道德发展的一个重要因素。教师的人格魅力作为隐性德育课程的重要组成部分，对于提高学生的道德修养、建立良好的师生关系、增强高校德育工作的实效具有重要的意义。教师的人格魅力辐射远远比直接权威式的自上而下的道德说教、政治灌输更加符合学生的内在情感需求。一个有高尚人格的教师容易让学生认识、赞赏并模仿。

第九章

五年制高等职业教育德育管理与评价

第一节 "三创"背景下的高等职业教育德育管理

一、"三创"教育改革背景分析

(一)"三创"获得国家政策支持

2015年3月11日,国务院办公厅发布的《关于发展众创空间推进大众创新创业的指导意见》(国办发〔2015〕9号)明确提出,推动实施大学生创业引领计划,鼓励高校开发开设"三创"教育课程。《国务院关于积极推进"互联网+"行动的指导意见》(工信部信软〔2015〕440号)的正式颁布,意味着我国"互联网+"战略已经步入全面实施的环节。互联网技术对改变当前的经济业态和服务形态有着深远的影响,将会使我国经济爆发出许多新的增长点。

2015年,教育部举办了首届中国"互联网+"大学生创新创业大赛。该项赛事对高等教育综合深化改革、学生创造动力和创新活力的触发、大学生"三创"活动的兴起起到推动作用。

(二)"三创"事业的快速发展促使"三创"教育做出改革

当前,在中央和各级地方政府多种政策的鼓励下,各高校建立了众多的众创空间。青年创客们的梦想在众创空间平台上获得实现,各种新业态模式接连在众创空间平台上浮现。当下,"三创"活动对传统制造业的支撑效应业已初步显现。不仅如此,高校的众创空间积累了数量众多的优秀项目和团队。为了增强处于创业中的学生及其团队在激烈竞争环境中的竞争力,激发更多大学生的"三创"热情,并且继续扩大"三创"对传统制造业的支撑效应,高校需要对传统的创新创业教育进行改革。

二、"三创"教育与德育的关联

(一)德育是"三创"教育的基础

高职学生正处在道德规范意识等价值观最终定型的阶段。学校德育则成为塑造学生良好的道德品质极其关键的一环。"三创"教育不单要教授学生诸如电子信息技术、通信技术、软硬件工程技术等基础理论以及实践能力,还要引导学生在创业过程中做到规避经营风险、遵守行业规则、坚守职业道德、全方位提升创业综合素养,其中的众多方面都会涉及学校的德育,因此,学校德育是"三创"教育的基础。高等职业院校的德育,对帮助学生树立正确的创业观、正确协调学业与创业之间的矛盾起了关键作用。

(二)"三创"教育是德育的催化剂

学校通过对学生进行"三创"教育,可以促进学生成长,首先,可促使学生掌握互联网技术,同时运用互联网技术改造传统的经营服务模式,使企业获得新的经济增长点;其次,还能促使学生构建起自己的方法论思维体系,从而深入剖析商业社会的运作过程和运营逻辑。学生通过"三创"实践,还能对其在实践中获得的体验与感悟进行反思、总结、提炼,修补以往所接受的德育的漏洞,从而真正理解德育内容中的抽象理论。通过教师的指引,学生构建起了正确的"三观"。从这个意义上讲,"三创"教育是学校德育产生良好效果的催化剂。

总之,"三创"教育和学院德育相互影响、相辅相成、相得益彰。学校德育促进了"三创"教育的持续发展;同时,"三创"教育通过学生的实践,升华了学校的德育。

三、"三创"形势下的德育管理机制的建立

(一)基于绩效评价的激励机制

"三创"教育是一项复杂的系统工程。开展"三创"教育的高等职业院校德育工作的难度系数较以往大幅提升,因此,构建一整套完善的绩效评价体系,不仅有助于展现高等职业院校的德育工作水准,更有助于激发管理人员的主动性、创造力以及学生进行自我管理的积极性。

区别其他类型的绩效评价体系,构建高等职业院校的德育绩效评价系统的目标是增强在校生的思想政治和法制意识,提升其道德修养和心理健康水平。这就需要学校针对"三创"学生群体构建起符合学生实际的绩效考核评价体系。考核评价指标不能仅局限在政治思想、境界觉悟、道德文明、行为习惯等传统领域,还应融入行业规范、企业标准等方面的指标。对考核结果低于指标线的学生,学校要采取对应的风险管理策略引导与帮助他们。

(二)基于风险管理的约束机制

高等职业院校在德育管理中应尽量规避实际效果与预期发生较大偏离而造成的不必要损失,因此需要引入风险管理机制,分析怎样能有效地规范学生的行为,将德育管理的系统风险降到最低。对涉世未深的大学生来说,创业的风

险极大，盲目创业或选择错误都会影响其一生。

在"三创"形势下，高等职业院校德育管理体系的风险管理过程主要分为风险评估、风险控制与风险交流三个环节。首先，学校要在风险评估环节针对当前德育管理中的问题状况，提出改进目标，评估风险因子对风险概率及风险损失的影响；其次，对学生"三创"实践中的高频风险事件进行重点管控，制订应急预案及相应的对策和措施。

相较于其他风险管理机制，学生"三创"实践将直面众多市场、信息以及技术瞬息万变等不确定的因素，学校德育管理体系中的风险管理则更要注重风险交流的功能，即学校高层决策者、行政管理者、教师、学生等各类人员要进行广泛、积极、频繁、深入的沟通，解决学生的思想与心理问题。因众多风险评价指标很难进行量化，并且学生的心理状态在短时间内会发生较大波动，学校各部门要经常进行风险交流，尽最大可能获得准确、详尽的信息，及时发现问题并做出反馈。对于"三创"热情较高的学生，既要保持学生的积极性，又要将实践中可能面临的风险告知学生，更重要的是要通过"三创"教育，让学生了解防范风险的方法和策略。

（三）基于多维协同的保障机制

学校很多职能部门与"三创"教育相关联，相关专业系院、经管类专业系院、学工及教管等众多职能部门都有责任与义务参与其中。面向学生开展"三创"教育的学校的德育管理体系扮演着非常重要的角色，然而受限于当下我国高等职业院校资源短缺以及协调能力薄弱等因素，单靠学校单方面的努力是远远不够的，还需要更多管理主体协同完成，实现整体目标。

"三创"教育是基于一个开放的环境而开展的，且和社会以及行（企）业的交集广泛。依据全局系统观，须将高等职业院校的德育管理体系看作学校、社会、家庭和学生多方主体融合的整体协调系统，在各个主体内构建次级协调系统。学校各级职能部门和行政工作人员，家庭内部各成员，社会各级政府组织，各类企（事）业单位、组织、机构和社区，各类学生组织、社团、党（团）员等可组成各个次级系统。各个次级系统之间还可以构建资源信息共享平台，通过包含但不限于对学习资料、工作体验、个人经验等方面的软资源以及教学仪器、辅导设备、场地设施等方面的硬资源的整合，将系统内各元素互相链接起来，打破原先的互相对冲、抵销与制约，最终形成"协同多主体，分设多部门，建立多平台，采用多方法，整合多资源"的高职院校德育管理多维协同系统，保障高职院校德育工作的高效运作。

第二节　五年制高等职业教育有效德育评价体系的构建

一、五年制高等职业教育德育评价面临的困境

德育评价是五年制高等职业教育德育工作中十分重要也是最为薄弱的一环。虽然很多学校对学生的道德评价体系进行了许多积极的探究和务实的实践，但是我们更应该清楚地看到，五年制高等职业教育的德育现实效果与理想状态仍存在着很大的差距。

（一）德育面临着社会转型阵痛和革新压力

世界经济的全球化带来了文化的多样性，多种社会思潮互相影响、冲突与融合，在这个大背景下，五年制高等职业院校在校生的自我意识日益觉醒，其个性也得到了充分的彰显，与此同时，不同类型的价值观念也在进行着激烈的碰撞。我国如今正处于现代社会的迅速转型期，主流文化以及传统思想观念的权威性正遭遇着前所未有的严峻挑战。随着网络科技的快速兴起，信息开放芜杂，德育环境错综复杂，部分人道德素质不高，诚信严重缺位。五年制高等职业院校在校生正处于各种社会思潮以及多元观念冲突之中，其思想价值观念长期处在一种理想与现实、传统与现代、个人与社会的矛盾冲突之下，生发了许多问题。思想价值取向的多元化在道德价值评价层面上的表现是五年制高等职业院校的学生在思想道德诉求及评价层面常常采用双重标准，即对他人用主流观念严格要求，而对自己则降低标准等。

（二）德育评价标准过于理想化

通常的道德评价指标分为失德行为、道德行为以及高德行为三级层次。道德义务包含了否定性义务（即不可伤害他人或侵犯他人利益）和肯定性义务（即在保证或最大化维护别人利益的前提下做出帮助他人的道德行为）。道德行为就是履行上述基本的道德义务。高德行为即为一种狭义式的道德行为。然而，在现实的道德实践中，人们往往混淆了上述概念，以至于人为地提出过高的道德标准和要求，用高德行为要求或替代一般的道德义务。在此种背景下构建起的道德评价体系，将导致英雄侠士的泛化以及道德的贬值，使学生被道德绑架，从而出现"伪德"现象。

（三）德育评价目标与方法的困境

德育评价环节永远是五年制高等职业教育管理面临的一项公共难题，也是一个极其艰巨的任务。在如今管理领域数字化和实证研究不断泛化的背景下，五年制高等职业院校的学生道德评价指标则更不易采用量化方式进行评估，即便实行量化考核，与其他领域的评价指标相比，有失科学与客观。所以，当前

五年制高等职业教育的德育评价面对目标与方法的双重疑难，具体表现为评价目标及内容体系缺乏系统完备性，评价方式依旧采用以往的量化指标，不尽科学合理。

如此之德育评价常会导致评价转向功利及肤浅化，即学生所表现的道德行为实际上是在强大的功利性驱动下被激发的，并不是发自其真实内心、灵魂深处的。若道德之"他律"不能真正转化为"自律"，就会影响个体的行动，德育评价也就失去了应有的激励导向作用，甚至会起到负面作用。

二、五年制高等职业教育有效德育评价体系的理论支撑

现代教育评价体系的一个重要理念是"评价不是为了证明，而是为了改进"。德育评价是指施教者在特定的道德观念的支配下，根据特定的道德标准对受教者的行动进行善恶的评定。五年制高等职业院校的学生德育评价是依据道德评估指标对学生的行为进行评判的活动。德育评价具有导向功能、鉴定功能、诊断功能和调节功能。学校通过德育评价，可全面了解和衡量学生的行为表现及道德水平，促使学生对自己的言行进行总结和反思，这对学生优良的道德素养的形成有不可替代的推动作用。学校要从理论上重点理清德育评价内涵、德育评价客体、德育评价主体。

（一）德育评价内涵

从德育评价的内涵来进行审察。德育评价的前提是需要有一种公认的客观道德准则，并且应能赋予其相应的度量值。从这个意义上说，德育评价首先是一种价值评判。"价值"这个概念是从人们对待满足他们需要的外界物的关系中产生的……人们把满足他的需要的外界物……进行估价，赋予他们以价值或使它们具有"价值"属性。因此价值是在主、客体的互相关联中，由客体之特征满足了主体之需求而生成的。评价便是主体依据特定的尺度标准去丈量客体对主体的满足值。评价基于主体尺度，表现为客体对主体的倾向，同一客体对不同主体的价值量是不一样的，不同主体对同一客体的评价尺度也是有差异的。道德评价实际上是某个德育主体接受德育效果的价值尺度。

（二）德育评价客体

德育评价客体是德育评价活动所指向、所要把握的对象，是依据评价目的设定的。在特定的价值链中，基于评价目的的差异，受评价的方向亦不尽相同。在德育教育活动中，德育的内容、过程、方式、结果等都可以成为德育评价的客体。但从教育的最终目标上讲，德育是将社会价值体系以及道德准则转化为受教者的思想品质，以促使受教者成为品德健全、人格完善、个性发展的社会所需人才，所以，德育评价的客体应该是受教者自身的品德养成现状，这是五年制高等职业院校开展学生道德评价最根本的价值旨归。

（三）德育评价主体

德育评价主体是特定的个体或群体，是相对于道德评价客体而存在的现实的人，即处于德育评价关系中的品评者，具有多层次性和多元性。个体道德的构建和形成过程是一个道德认同—内化—外化的由潜到显的过程。由此可见，德育评价主体包括两种类型，一类是社会和他人，另一类是自身。而社会以及他人对自身的评价，唯有通过影响自身才能发挥功效。评价体系中的自我反思尤其重要，其既可能是受教者本人的自我反思品评，也可能是施教者对其教育对象的品德养成效果的评判。

三、五年制高等职业教育有效德育评价体系的构建

为完善五年制高等职业教育德育评价体系，促进学生品德素养的提升，我国亟须合理构建符合时代发展需要的全新的五年制高等职业教育的有效德育评价体系。

（一）转变传统的德育评价观念

首先，开展德育评价工作要从重视评价诊断作用转变为关注评价激励功效。五年制高等职业教育的德育评价目的不单是评定学生思想品德水平，更重要的意义在于通过德育评价实现鼓励先进、鞭策落后的激励功能。

其次，德育评价应从总结性评价过渡为发展性评价。一直以来，传统的德育评价工作都是由施教者单向并通过定量打分或等级判定来完成的，并不重视受评者对结果的反馈。评价最重要的功效应是培育、激发和引导学生自主学习、经常性反思以及自我完善。

（二）注重德育评价主体的多元化

德育评价要从他评为重的外向模式向自评为主的内在模式转变。学校在德育评价活动中要重视发挥学生的主体能动性。通过评价，激发学生的主体参与性，积极引导学生将德育的外在要求转化为内在动力，促使评价活动成为学生进行自我教育、自我调节的有效载体，更大地发挥德育评价的导向激励功能。

传统的单向式德育评价模式为教师作为唯一评价主体，学生成为永远的评价客体。要规避这种评价主体唯一化的弊端，需要拓宽评价主体的范围，促使其多元化。为使评价由单向式评价转变为交互式评价，学校必须坚持学生自评、学生互评、教师评价等自评与他评结合的原则。

学生作为评价主体体现在学生自评和学生互评上。让学生成为评价主体，有助于学生对自身的道德认知、道德情感、道德信念和道德行为进行反思，促使正视自己的优缺点，进而提升其道德修养，还能加强学生主体的参与积极性，促使评价功能得以有效发挥。让学生之间民主互议，让同窗之间做出概括性评判，可加强德育评价工作的参与性、民主性和公平性。

总之，德育评价要以学生为主体，但不能忽视教师的作用，因为教师拥有较为丰富的经验，能从更高的维度，对学生的品质提升提出更好的建议，帮助学生挖掘并关注自身的优缺点，并进行持续的反思、调整和完善，实现德育评价的"再教育"过程。唯有如此，才能从根本上解决传统德育评价主体单一化的弊端，使德育评价逐步向民主化、个性化的方向发展，从而实现德育评价的根本目标。

（三）做到德育评价内容的全面化

学校要完善德育内容，全面评价学生。科学制定德育评价的指标是做好新形势下德育工作的重中之重。伴随着社会多元化的发展，五年制高等职业院校的学生德育载体日渐丰富多样，这对传统的德育评价内容提出了挑战。要科学评价学生的品德水平，需要综合各方因素，要从单一的道德理论知识成绩的评判转变到全面考核学生的综合素质上来。德育评价内容的构成可以设置为"德育评价结果＝德育理论学习＋学生自主德育实践＋学生互评＋教师评价"。学生自主德育实践分在总分中应占最大比例；德育理论学习分、学生互评分、教师评价分三项之和不宜超过70%。

（四）改善德育评价方式，做到知行合一

目前，五年制高等职业院校的德育评价模式大体仍沿袭应试教育的科目测试方法，不能全面客观地反映学生的道德品质。因此，学校须改革这种以试卷分数判定学生品德水平高低的模式，将过程性考察和终结性考核、课堂教学评价和实践活动评判有机融合起来，进行综合品评。更要抛弃长期居于统治地位的评价者绝对权威化的贬损性评价，要关注受评者品质的变化，满足其沟通的需求，增强其对品评的认同感，促使受评者心悦诚服地接受品评结果。

开展德育评价的重要基石之一是充分尊重每个学生的个体差异，采用符合个性差异的多元评价方式。除了进行传统的德育理论知识的考试外，学校更应引入其他评价指标，将评价活动融入日常的教育教学过程之中，实施日常动态化的评价。例如：学校可鼓励学生参加各类德育实践课程，评价其参与的积极主动性，客观地评价学生的德育发展水平；学校还可科学完整地记录学生的日常言行、所取得的各种荣誉、所受到的批评和处分，搭建学生品德发展数据库，为评定学生的思想品质提供充分依据。

（五）评价要经常化并及时反馈评价结果

评价的目的不是为了贬损他人。评价者要会用赞赏的目光，多维度、全方面、客观科学地评判学生。每一名学生都有其优缺点。我们不能只注重学生的缺点，否则只会激化矛盾，导致不和谐的声音。要通过关心学生的生活，做到尊重学生、帮助学生、关爱学生。施教者可通过周记等形式与学生进行沟通、交流，恰当使用评价结果，科学校正学生的失误，及时给予其正确的引导。这

既有助于学生身心的健康发展，使评价发挥良性功能，又可为学生进一步发展提供翔实的基础资料。施教者要充分营造多种机会，鼓励学生互相评价，并将互评结果及时反馈给学生。应向全班每一名学生反馈评价结果，肯定学生的长处，指出其缺点，并明确下一步的改进措施。如果发现流程上有失误，应及时纠正，不断总结和反思评价活动，为下次评价打好坚实的基础。唯有如此，才能真正发挥育德功能。

当下，现有的评价指标过于理想化。五年制高等职业教育德育评价面临着严峻的形势，亟须我们探索出一条行之有效的符合时代发展需要的全新的德育评价体系。

第三节 五年制高等职业教育多元评价体系的实践探索

一、现行评价方式在引导学生知行合一方面存在不足

（一）未能充分关注学生的评价主体地位

虽然学生成为评价主体，但他们一直被排斥在评价过程以外，往往仅能被动地接受评价结果。学生的评价主体地位未得到足够的重视，极大地限制了评价激励功能的充分发挥，使被评价对象的自评能力以及调节能力得不到充分的锻炼。评价主体的唯一化使得教师很难对学生在校园内外所表现的道德品质进行全方位的客观评价，甚至还易触发学生投机取巧的可能。

（二）未能有效发挥评价功能

现行的评价策略往往局限于用试卷成绩作为一次性、终结性的评价，只重视结果而忽略过程，难以有效反馈课堂教学效果和学生真实习得，以至于任课教师很难用科学的方法来把脉并化解教育教学中的矛盾，致使学生只注重考试结果而忽略了良好品德素养的锤炼。

（三）未能完善评价内容

当下的评价模式倾向于理论知识考评，忽略了对学生品德行为、实践能力、创新精神、心理素质以及情绪、态度和习惯等综合素质的考查。因评价内容片面，学生容易脱离道德实践，很难将所学知识内化为自身素质、外化为自觉行为，知行脱节者、高分低能者、高分低素质者随处可见，这样就背离了德育课"导之以行"的根本教学目的。

二、构建多元评价体系，促进学生知行合一

（一）构建"多元评价体系"的依据

构建多元评价体系，促进学生知行合一，符合五年制高职人才培养目标的

需要。《教育部关于加强高职高专教育人才培养工作的意见》(教高〔2000〕2号,以下简称《意见》)明确规定:高职高专"以培养高等技术应用型专门人才为根本任务;……毕业生应具有基础理论知识适度、技术应用能力强、知识面较宽、素质高等特点"。显然,五年制高等职业院校人才培养目标不能仅仅着眼于学生对于理论知识的掌握,更要关注学生在实践过程中展现的道德素养、实践水平、创新意识。

《意见》指出:"改革教学方法和考试方法,引入现代教育技术,是提高教学质量的重要手段……理论教学要在讲清概念的基础上,强化应用。要改革考试方法,除笔试外,还可以采取口试、答辩和现场测试、操作等多种考试形式,着重考核学生综合运用所学知识、解决实际问题的能力,通过改革教学方法和考试方法,促进学生个性与能力的全面发展。"

《江苏省职业教育课程改革行动计划》(苏教职〔2005〕32号)明确指出:"职业学校要树立正确的职业教育人才观和质量观,突出评价的教育功能……重视学习过程评价,强化综合实践能力考核……建立以能力为本位、评价主体和方式多元的课程评价体系。"

(二)"多元评价体系"的内涵

多元评价是指科学合理地整合、协调各评价主体,运用多种评价策略,对学生道德素养进行全方位、过程化的考评,包括但不限于对被评价者在知识、技术、策略和态度、情绪、观念等领域的考评。多元评价有助于促进学生向个性化发展,提升每个学生的综合素质,增强其实践能力。

在上述考评体系中,"知"与"行"自然是统一的。其中既有对学生理论知识、实践能力等"知"方面的评价,也有对学生观念、情绪、态度以及行动等"行"方面的认定。

(三)构建"多元评价体系"的原则

运用多元评价体系促进学生知行合一,须坚持理论与实践考核相结合的原则,注重文字规范向关注实践转化;须坚持知识与能力考核相结合的原则,增强学生运用所学理论知识去解决现实问题的技能;须坚持终结性与形成性考核相结合的原则,重视学生的日常行为,促进其养成优良的道德素养;须坚持任课教师与师生共同考核相结合的原则,激发学生主体的参与意识,构建全方位、多维度的考评体系。这样便可有效地推动学生知与行的结合,实现德育课程教学的最终目标。

三、运用多元评价体系,促进学生知行合一的实践探索

(一)评价内容综合化

学校要坚持知行合一,对学生进行"知""行"两个层面的考核。总评成

绩由知识和行为两个层面的考核成绩组成。行为层面考核成绩由课堂表现、社会实践与日常行为表现组成。例如，学校在对"职业道德与法律"课程进行考评时，应结合学生平时课堂纪律、考场纪律、品德操守等方面的表现；在对"就业与创业指导"课程进行考评时，应充分考虑学生在企业实习的具体表现；在对"经济政治与社会"课程进行考评时，应将学生对社会焦点话题和热点问题所做的问卷调查、参与民主活动选举、进社区做义工以及青年志愿者服务等社会实践活动纳入考核范围，对学生的观察事物的能力、分析解决问题的能力和社会实践能力进行全方位考核，促使其在实践活动中学会知理明事，养成优良的道德品质。

（二）评价主体多元化

学生的道德言行涉及的领域很广泛，我们需要更多主体的参与，才能更为客观科学、全面公正地对其进行评价。评价主体不仅有传统的班主任和任课教师，还应将学生、家长、带队实习教师、企业师傅等纳入。将学生纳入考评主体，使传统的评价活动变成了学生积极参与的自我反思、自我教育、自我调整的过程。不仅如此，让学生进行自我管理，在很大程度上有助于真实反映出学生的态度。在"职业道德与法律"课程的评价中，可对照所学专业制订《职业行为习惯对照表》，每个月进行自评、组内互评和教师评定，将其结果记录到《职业行为习惯养成记录表》上，使得每个学生都能清楚地看见自己的发展轨迹，及时发现并纠正不良言行，实现由他律向自律的转变。

（三）评价标准定性与定量相结合

传统评价方式过于强调"分值""排名"等可量化的指标，有很大的局限性，因为学生的思想品质、政治素养、精神面貌、人格境界等内隐素质是无法量化并进行精确测量的。假设某个学生"职业道德与法律"课程考试卷面成绩为 80 分，另一名学生卷面成绩为 79 分，这是否能够说明前者的思想道德水平就比后者的更高呢？答案当然是否定的。不仅如此，量化指标还极易导致学生急功近利，忽视不易量化的内容。唯有将定性评价与定量指标有机结合起来，才能更为科学、合理、准确、全面地考核学生的思想发展状况。比如，教师在批改作业或试卷时，除了打出具体的分值或评出等第外，最好再写上一段评语，对学生在答题中所表现出来的心理特征、价值取向等方面进行点评。虽然没有量表，没有记载，但这对学生的成长和发展同样起着重要的作用。

（四）结果性评价和过程性评价并重

传统的评价只注重最终结果，忽视了学生的学习过程。但是德育是一个培养优良道德品质和行为习惯的过程，因此，德育的考评应该坚持结果性评价与过程性评价并重，关注学生的日常学习过程，对学生的学习兴趣、学习方法、学习品质、学习行为以及其他非智力因素进行评价。比如，"职业生涯规划"

课程的考核可以由四部分组成：学习讲义的整理、学习任务的完成、试卷考核和《职业生涯规划设计书》的撰写。每位学生将设计书提交班主任后，班主任根据学生制定的人生目标和具体实施措施，每学期进行一次对照和小结，记入学生的成长档案袋中，到了第八学期将此作为"就业与创业指导"课程的成绩构成部分之一，如此可促进学生在五年的在校学习中将既定的发展目标付诸具体的行动。

第十章

学校德育品牌建设理论

第一节 学校德育的本质、特点与功能

一、学校德育的本质

（一）关于德育本质的论争

德育的本质是什么？中华人民共和国成立后特别是改革开放以来，围绕这一问题，学者们进行了广泛、深入的讨论，形成了各种不同的德育本质观。

第一，德育"外化论"本质观（以下简称"外化论"）。持"外化论"者认为，德育本质是外部社会道德的个体化，这是改革开放以来，我国教育界在对德育本质研讨过程中形成的早期观点。当时的学者认为，研讨德育本质的科学方法论，首先在于揭示德育内部的特殊矛盾，并且德育内部的特殊矛盾仅能从德育的构成要素及其育化过程来解构，德育的育化过程是由施教者、受教者、德育内容、德育方法等基本组成要素构成的，它们彼此之间互相联系，催生矛盾运动，即产生德育。该矛盾运动乃施教者透过社会公认的思想道德规范，对受教者提出目标和要求，而受教者透过自觉择选、消化、吸收和应用这些规范要求，内化为个体需求，从而形成个人的道德品质。当时的学者认为这便揭示了德育内部的特殊矛盾运动方式，亦即德育的本质。"外化论"着重强调社会及施教者要积极对受教者进行塑形改造，受教者要主动接受社会及施教者对其的育化，此育化过程是由外到内的深化。"外化论"观点在20世纪80年代颇受社会认同。《中国大百科全书·教育卷》便有这样的表述：德育是施教者按照一定社会或阶级的要求，有目的、有计划、有组织地对受教者施加系统的影响，把一定的社会思想和道德转化为个体思想意识和道德品质的教育。此外，当时在我国颇具影响力的一些有关探讨德育原理的学术期刊和教材也几乎千篇一律地赞同上述观点，如德育的本质就是把一定社会思想道德规范转化为受教者个体的思想品德；德育是施教者将品德规范转化为受教者品德的教育。德育的

"外化论"作为"外铄"本质论，局限于强塑外部育化作用、强化施教者对受教者的道德品质的塑造、强调德育的社会性，而弱化甚至忽略了受教者的主观能动性。

第二，德育"内化论"本质观（以下简称"内化论"）。持"内化论"者认为，德育本质即指将特定的道德观念、品德规范及德育理论作用于受教者，促其身心产生某种道德品质的需求及烙印，使受教者不但虔诚地深信、接纳并且自觉遵守社会的道德准则规范，且能主动地将社会提出的道德观念及行为规范纳入自身道德品质结构体系之内，内化为自身的观念和信仰，形成控制和支配自己思想、情感以及行为的内在动力过程。有学者认为："德育是施教者按照一定社会或阶级的要求，有目的、有计划、系统地对受教者施加思想、政治、道德影响，使受教者通过积极的认识、体验、身体力行，形成他们的品德和自我修养能力的教育活动。"也有学者指出，德育是"施教者按照一定社会的要求，通过特定的教育活动，把特定社会的思想和道德规范内化为受教者的思想意识和道德品质的过程"。按理来讲，"内化论"相较于"外化论"更为科学合理，因为它已将关注点由外部客观因素转移到受教者个体主观因素上，并提出了德育内化逻辑沿着"理解—赞同—信仰"这样的发展规律。德育内化过程包含了社会道德规范在认知、感情及行为上的多层次递进式内化。然而德育"内化论"所突出的施教者对受教者的塑造，一方面与道德主体自身对道德的主动构建仍存在一些差距，另一方面对"外化""塑造""改造"问题没有进行更为细致的区分和界定，仍然留下许多缺憾。

第三，德育"超越论"本质观（以下简称"超越论"）。持"超越论"者主张，德育本质是对传统以及现实道德育化的一种超越。南京师范大学鲁洁教授是最早提出该论断的德育专家，她从实践唯物主义出发，指出实践是人自身通过对环境的改造和创造来达到与环境统一的活动，而德育就其本质而言是超越的，是人自身对其所处环境的超越。教育的本质就是指向未来、解放人类，因此，组成教育的各个有机部分都具备超越现实的性能。作为人们精神活动的道德，把握了可能的世界，反映了"应是"而不是"实是"。道德并不是用于写照人类的现实行为，而是将此种实际行为投射到"应是"的理想状态中去鉴别，并用完美标准对其做出真假、善恶与美丑的评价，以此引导、规范人们的行为。因为道德具备超越特征，所以德育必定具有超越性这一最具突出表现的人类主体性的本质。道德从其本质上看是人们为实现自身需求而创设出来的用于认知、认可、进步、尽善、突破自己的一种手段，而人不过是其价值意义的载体。道德不单是某种制约自己与防备他人的规则，更是对生存质量和生命境界的一种提升。基于发展的角度，学者们普遍认为德育是某种超越力量，能跨越时代的误区，超越传统的思想品德教育核心理论。当然，也有学者提出，超越的边界是摒弃资本主义市场经济业已显露出的各种腐朽消极的价值观,摒弃我国思想品德教育中已经埋下的弊端;超越便是弘扬与社会主义核心价值观以及社会主义市场经济相适应的公平竞争、等价交换和遵法守纪等基本价值观念,弘扬人们的主体意识,鼓励高尚的奉献精神。

第四,德育"主体发展论"本质观(以下简称"主体发展论")。持"主体发展论"者主张,道德教育要指向人这唯一主体的品德之进步,即以激发人之主体性为基础,进而促其品德提升的活动过程。"主体发展论"是由南京师范大学班华教授提出来的。他认为,现代德育以促进人的德性现代化为中心,或者说以促进主体现代德性发展为根本,因而主体性和发展性是现代德育的本质规定。"主体发展性"的基本内涵是:"以人为本",突出主体德性的发展;德育是施教者的价值导向与受教者自主构建相统一的活动。"主体发展论"相较于前述观点更加强调人的主观能动性,故具有很大的进步意义。然而将其本质概括为"主体发展性"仍有待商榷之处,即无论是主体性还是发展性,其范畴在于德育的基本特征,而非德育"质"之定性,因此它依然未能真正揭示出"德育的本质"这一根本问题。将"主体发展性"定义成施教者的价值导向与受教者的自主构建相统一的过程,易于让人生发德育本质本就笼统模糊的概念。而实际情况是,德育过程远比简单的价值导向与主体构建复杂得多。

第五,德育"体验论"本质观(以下简称"体验论")。持"体验论"者认为,道德育化的本质是透过主体的情感体验而得以实现的。有学者指出,我国德育缺乏体验性,重灌输,轻交流,忽视实践;重外律,轻内修,忽视学生道德学习体验能力的培养;重学生认知的教育,而缺乏体验的过程,人为地割裂了从知到信、从信到行的两大转变。不但如此,学者们还提出,道德知识的主要特征是缄默性,作为具备个性化特点的特殊背景知识,主要依赖于体验、直觉和洞察力。基于道德发生学角度而言,当且仅当人们自内心觉察到某种价值,进而产生诸如赞同、敬畏、信赖等情感,抑或产生抗拒、厌弃、羞耻之心时,才进入道德习得和育化的实存性。从根本上来讲,道德标准并不是机械教条,它是人们在社会生活中生动的行为准则。个体只有参加社会实践活动,与社会现实发生关联,才能对道德规范所蕴含的内容与价值产生切身的感悟。所以,道德育化想要实现其自身的价值意义,必然会返璞归真,从既定的道德理性世界回归真实生活。而体验便是道德主体与外界发生联系并产生思考与顿悟的认知过程和实践活动,其具备主体性、情境性、情感性和生成性等鲜明特征。体验可促使道德与主体产生现实联系。主体在实际情境中,透过其自身感悟,自主识别,自发择取,自我反思,不断构建新的品德。

第六,德育"育德论"本质观(以下简称"育德论")。持"育德论"者认为,德育本质就是"以道德价值(善与恶、是与非、应当与不应当)为核心的德性教育",即"育德"。因此,有学者便自认识本质这个前提出发,指出"本质"即规定研究对象"是什么",由此确定德育本质应该是指"德育是什么"的问题。接着从概念分析入手,指出概念与其所指称的对象、语词及其含义乃某种确定性关联,因此得出了"本质"亦为某一确定性概念。对其确定性的高下判别有三项标准:首先,其能否足够用于解决实际问题;其次,其是否符合简单性标准;再次,社会接受其违反约定俗成的程度边界。在上述三项指标中,前两个指标形成了互相制约、互相补充的关系。虽然简单却不够用或即使够用也不简单,以上两种情况皆非最为理想的状态。最后一个指标应是辅助和相对的。在满足第一个和第二个指标的前提下,还能满足最后一个指标,便是最理想的结果。根据三项指标,学者们最终提出"德育是养成人的道德品质的社会活动"的论断。德育是对受教者进行"育德"的活动,这里的"德"即"品德"或"德性"。根据麦金太尔的观点,一切德性都是人所获得的品性,是人内在于实践的善。再从词源学来进行分析,无论在西方还是在中国古代,德在其内涵上都被解释为人的内心之善,一个人的德性品质就是其善性品质。要想获得善性品质,就需要"育"。《说文解字》中对"育"的释义为:育,养子使作善也。"育"便是涵育、熏陶受教者的品德,使其向"善"的方向发展。所以德育本质便是劝人"向善"、教人"求善"、育人"为善"。这不仅是德育本质的所在,也是德育的根本出发点以及最终归宿。

(二)德育本质的理解和把握

从认识论的角度讲,世界万物的本质都只有一个,但要通晓事物的本质仍存在着诸多困难,人们有时候很难穷尽所有的视角和维度来研究事物,很多时候人们只能从特定的视角和维度来做研究,因此得到的结论也是多种多样的。同样,因为研究视角和研究维度的不同,人们对德育本质的认识会存在较大的差异。就像上述对德育本质各种观点的分析,专家们从各自角度对德育本质进行了研究,得出了各种差异较大的观点,但这样并没有掩盖德育本质的真相,而是从多个角度透视了德育本质。对这些观点的有机整合,可以实现对德育本质的科学认知。

因此,要想真正认识德育本质,首先要科学认识本质的含义,然后认识德育本质。《辞海》对本质是这样界定的:本质是事物本来的品质和质地,它由事物的内在矛盾所规定,是事物比较深刻的一贯和稳定的一面。事物的本质是由其本身所固有的特殊矛盾决定的。一个事物的根本性质,对于该事物来说,就是它本身的特殊性质;对其他事物而言,也就是它们之间的本质区别。所谓德育本质,是德育内在矛盾所规定的特质,是德育与其他事物相区别的根本性质,即德育是什么。也就是说,德育本质所要回答的是"德育是什么"的问题。虽然它会涉及"德育为什么""德育干什么""德育怎样干"的问题,但它们只是德育的任务、目的、功能、过程、途径和方法等问题。上文对德育本质的争论,从"外化论""内化论"到"主体发展论""体验论""超越论""育德论",都只是从一个侧面讨论了德育的任务、目的、功能、过程、途径和方法等问题。这些观点在很大程度上其实混淆了"德育是什么"与"德育为什么""德育干什么""德育怎样干"之间的区别,错误地把德育的目的和任务、德育的功能和作用、德育的过程和方法等当作了德育的本质。如"内化论""外化论"实质上属于德育实施过程问题,"主体发展论""体验论"实质上属于德育的特点问题,这些研究结论都只是德育本质的一个维度,而不是德育的本质本身。德育的"质"是各种形式德育的多种固有属性的结合与统一,但并不是作为整体的德育的所特有属性的统一;德育存在多种不同方面的"质",因而德育的"质"是极为丰富的。所以,从本质的含义来看,上述德育本质观都是错误的,因为这些观点混淆了德育的"质"与德育的"本质"之间的根本差异。

德育本质是德育与其他事物之间的根本区别,即"德育是什么",这个命题可以细化为以下三个命题,即"德育实际是什么"的问题、"德育可能是什么"的问题和"德育应当是什么"的问题。在这三个问题中,最根本的问题是解决"德育实际是什么"的问题,即德育的实然状态,但实然是不容易研究清楚的。学者们在探讨德育本质的过程中,实际上只是在自身主观因素的参与下不同程度地回答了"德育应当是什么"的问题,未能从"德育实际是什么"与"德育应当是什么"紧密结合的角度对德育本质加以正确的认识和分析。只有把德育本质的实然与应然归一,才能得到德育本质的本然。

德育是学校教育活动的重要组成部分之一,顾名思义,它应当是一种教育活动。按照逻辑学种属的概念,德育对应的"属"就是教育活动。教育活动有广义和狭义之分,从广义上讲,教育活动是指影响人身心发展的各种活动;从狭义上讲,教育活动主要指学校教育活动。学校教育活动有着丰富的内涵,仅从内容分,就有德育、智育、体育、美育等,而且形式多样。要想把德育活动与教育活动中的其他活动区分开来,就要找到德育活动与其他教育活动之间的"种差"(即同一"属"概念下的其他"种"概念之间的差别)。这样才能科学界定德育是什么,进而揭示出德育本身内部特有的矛盾性,亦即德育的本质。

基于此,有学者指出:"把德育看成一种有目的的教育活动是最为恰当的。'教育活动'是德育最邻近的属概念,那么德育活动和教育活动下的其他活动,如智育活动、体育活动、美育活动的'种差'是什么,是培育人的品德。这是德育活动和其他并列教育活动的根本区别,即'种差'。"因此,我们比较倾向于赞同和接受"德育本质即'育德'"这样一种说法,即德育是施教者培养受教者良好思想品德的教育活动。在这里,受教者在施教者引导下形成良好的思想品德。这不仅是德育的"本然"状态,而且是德育的"应然"行为,同时还是德育的"实然"。这样，就可以把德育与智育、体育、美育等其他教育活动区分开来，从而对德育本质做出最根本、最简单和最圆满的揭示与回答。

二、学校德育的特点

学校德育是一个复杂的系统，从德育主体、德育对象、德育活动形式到德育活动内容，丰富多彩，形式多样。

（一）学校德育的复杂性

学校德育不仅要引领学生树立正确的价值取向，而且要引导学生自觉抵制社会上不良因素的影响，这使得学校德育更加复杂。学校德育的复杂性具体表现在学校德育对象的独特性和德育影响因素的多样性两个方面。首先，德育面对的对象是正处于身心成长最快速时期的青少年学生。他们精力旺盛、接受能力强，个性鲜明，道德品质水平和家庭背景有差异。尽管对他们的德育教育具有一定的规律性和普遍性，但教育者依然需要在充分了解每一位学生的基础上有针对性地开展教育。其次，学生道德发展的影响因素是多方面的。人们总爱把学校称为象牙塔。学校教育是学生良好品德形成和发展的主要影响因素，但是随着经济社会的发展，特别是信息技术的发展，学生获得信息的方式变得多元、快速、便捷。学校不再是一块净土，学校、家庭、社会等各方面因素都会对学生德育发展造成影响。青少年学生心理还不成熟，是非观念不清，判断能力不强，不可避免地会受到社会上消极因素的影响。

（二）学校德育的系统性

学校德育的系统性是指学校德育工作是有目的、有组织、有计划地开展的。学校德育体系包括德育目标、德育内容、德育方法、德育途径、德育组织、德育评价和德育管理等若干分支。学校通过德育体系对学生实施道德、思想、政治理论教育，不断提高学生的道德认知。学生在情感上产生共鸣，进而形成坚强的道德意志和良好的道德行为习惯，促使知、情、意、行各要素得到全面发展。同时，学校德育的实施有着严密的组织机构和计划安排。学校的学生处、共青团、学生会、社团、班集体等围绕德育任务协调一致地开展活动，各科教学、课外活动也都是进行思想品德教育的阵地。这样就可以使学生受到全面、系统的道德教育，有助于他们良好品德的形成和正确行为习惯的养成。

（三）学校德育的示范性

学校德育的示范性是指德育不仅是教师教、学生学、学生练，还要充分发挥榜样的示范作用。德育的示范性分为教师的表率作用和同辈、先进人物的示范作用。青少年学生对施教者有一种特殊的信任，他们对事物的态度、看法往往受施教者的影响。"亲其师，信其道"，施教者表现出来的优秀品质很容易被受教者学习和模仿。"言传身教，身教胜于言传"，身教具有巨大的影响，施教者要处处做受教者的表率，用自己模范的言行潜移默化地去影响受教者。随着"互联网+"时代的到来，"灌输"式的德育教育越来越不受学生的欢迎，施教者应利用学生身边的优秀典型、社会上的先进人物的事迹来开展德育活动，发挥学生心目中"重要他人"的积极影响。

（四）学校德育的实践性

学校德育的实践性是指德育必须遵循贴近实际、贴近生活、贴近未成年人。随着经济社会的发展，"体验式"学习不断兴起。传统的"灌输"式德育在特定历史时期曾发挥过重要的作用。然而随着改革的深化、开放的深入和社会的进步，国人的思想观念以及价值取向发生了明显转变，尤其在价值观日趋多元化的当下，单一的"灌输"模式变得越来越低效。学校德育应更多从学生身心成长的特点和接受能力出发，从他们的思想实际和生活实际出发，主动适应当今学生身心成长的特点和接受方式，贴近学生的生活实际和心灵深处，综合运用通俗幽默的语言、典型生动的案例、喜闻乐见的形式、丰富多彩的方法，循序渐进，寓教于乐，深入浅出地开展育德活动。只有这样，才能增强德育的针对性和实效性，增强德育的吸引力和感染力。

三、学校德育的功能

作为教育活动的重要组成部分，德育在促进个体的发展、社会的进步等方面具有重要的功能。个体发展是社会进步的基础，而社会进步是德育的终极目标。

（一）德育的个体功能

1. 有利于学生个体社会化

学生个体的发展是一个持续社会化的进程。在这个不断发展的过程中，学生个体所选择的社会角色日趋定型，并不断接受一定的社会规则，渐渐使得其价值观、世界观、人生观构建成稳定的体系。学生实现了由自然机体到社会成员的转化。德育的主要功能就是帮助学生个体构建道德观，提升品德修养，增强道德实践能力，进而引导学生的个体价值观向社会价值观靠拢。因此，德育在引导学生个体社会化方面起到了举足轻重的作用。

2. 有利于学生个体自我完善

但凡一个有理想、有目标、有信仰的人，总是不懈地追求着自我的进步和完美。要想成为一名道德修养高的人，个体将会有很多付出。付出与回报成正比。一名道德修养高的人会赢得别人的尊敬、赏识和赞美，赢得社会的认可，实现精神价值的需求，从而不断地走向自我完善。德育的目标便是培养有道德修养的健全人格，促进人性的提升、心灵的净化和幸福的满足，实现个体的自我塑造。

3. 有利于学生个体智能发展

"性相近，习相远。"不同的个体由于受到遗传因素、发展环境、教育水平等内外因的影响，他们的智能发展水平不尽相同。信念、信仰、人生观和价值观等非智力因素对智能的发展起着定向、调控和动力作用，也影响着个体的智能发展水平。具体来看，崇尚真、善、美对学生个体培养探索、创新和奋进的精神品质有着积极的作用，在这种情况下，个体的智能水平就能获得相对较高的发展。德育应发挥其对学生个体的积极作用，通过对学生个体的精神世界发挥正面积极的功效来促进学生个体智能的提高。

4. 有利于学生个体心理健康

身心是否健康、胸襟是否豁达是判断一个人是否具有较高道德修养的标志。一个道德修养缺失的人，往往表现为气量狭窄、言行偏激、内心阴暗。德育可促使学生个体形成正确的价值观念、优良的思想品德，有利于帮助学生处理好与自身、与别人、与环境、与社会的关系，克服认识的绝对和片面、情感的傲慢与偏见、行动的鲁莽或畏缩，培养良好的心理素质。

（二）德育的社会功能

1. 为国家培养合格公民

德育可以通过提倡民主法治观念、责任权利意识、社会主义核心价值观等，培养新时代社会主义公民的现代公民意识，改善国人的行为方式。自古以来，德育就是学校教育的重要组成部分。历代统治者都特别重视对人民的教化作用。孔子认为："道之以政，齐之以刑，民免而无耻；道之以德，齐之以礼，有耻且格。"意思是用行政和刑罚手段来治理国家，国人仅能暂免犯罪，却无丝毫廉耻之心；若用道德和礼仪来引导国人，老百姓不但会生发强烈的廉耻之心，而且能主动识别是非的边界，做到自我约束。

2. 促进社会各领域发展

教育的发展与其所处的特定的社会相互作用。首先，教育受制于社会政治、经济、文化的发展水平，又同时对社会的政治、经济、文化发展起着促进作用。德育作为学校教育的重要内容，其在巩固和发展特定的社会制度、社会主流意识和优良社会风气以及维护稳定的社会秩序等方面起了重要作用。学校德育可以通过提倡社会主义国家公民意识、全球化概念、可持续发展观念、公平竞争与团结合作观念、公正法制以及诚信友爱理念等影响当代社会的政治体制、经济制度和文化观念，促进我国社会政治的稳定与进步、经济的繁荣与发展、文化的传承与创新。

（三）德育的教育功能

德育具备两个层面的教育功能。首先，德育的价值来自其育人功效。赫尔巴特曾指出："道德普遍地被认为是人类的最高目的，因此也是教育的最高目的。""我想不到有任何'无教学的教育',正如在相反方面,我不承认有任何'无教育的教学'。"教育与教学的区别在于,教学的过程实际上是在教授知识技能,而教育则着眼于对学生思想观念的引领。教育与教学又是互相联系、互相促进、密不可分的。德育的教育功能体现于其具备的育人功效上,即通过引领学生构建正确的价值观、人生观、世界观,培养其优良的道德素养。其次,德育的教育功能体现在其对智育、体育、美育、劳育的促进功能上。德育可以激发学生在智、体、美、劳等各方面的学习兴趣、动机、意志,从而引导学生培养良好的学习习惯和方法等。

第二节 学校德育品牌建设的目标与原则

加强内涵建设、提高人才培养质量,是高等职业院校必须考虑的核心问题。紧紧抓住"质量"这个核心和"品牌"这一战略,是新形势下高等职业院校必然的价值取向和发展方向。近几年来,虽然高职毕业生就业率较高,但生源在不断减少。高等职业院校要应对生存与发展的双重挑战,必须遵循教育规律和市场规则,走内涵发展和品牌战略的道路。

一、品牌与高等职业院校德育品牌

品牌由名称、名词、符号、象征、设计或它们的组合构成,它使长期购买此种产品或服务的某个消费者或者一群消费者把它从竞争对手的产品和服务中区别开来。这种对品牌的认识和定义多偏重于品牌的物理构成及其标识功能。国内的一位经济学家认为品牌是顾客及有关群体对产品的认识与印象。也有学者认为品牌是指买方及其相关群体对于某种标志所代表的产品或企业的认识和印象,而这种认识和印象直接地、长期地影响人们对于相应产品或服务的评价及购买。由此可见,品牌就是给产品找一个独特的定位,给目标消费人群一种感觉,或者说是让消费者感受到的一种结果。

品牌学理论应用于高职教育领域,与高等职业教育理论相互渗透、贯通和融合,形成了高等职业院校德育品牌。高等职业院校德育品牌向社会、学生和家长透露出有关高等职业院校的特定信息,包含高等职业院校的办学理念、办学资源、办学水平、培养质量以及社会满意度等综合或者单方面的特色和影响力,显示了高等职业院校的办学实力、办学优势、办学特色,建立了学校的良好形象,形成了一种无形的精神财富。高等职业院校德育特色品牌建设,不仅是某种特色创建活动,而且是一项培育文化和发展创新的品牌工程。一所学校若要孕育一块真正的德育品牌,既要树立鲜明的德育品牌培养目标,又要确立德育品牌培育的价值取向。

二、学校德育品牌培育的目标取向

一般而言，在诸多教育工作中，德育优先。不过，从学校开展教育教学的实际情况来看，德育与其他教育的受重视程度往往本末倒置。施教者们往往只关注其对智育和其他教育所提供的辅助作用。

实际上，德育与智育及其他教育的"正本"关系并非是互动融会、协调发展、相得益彰的关系。这是由人的素质的整体性、有机性、综合性等本质特征所确定的。然而，实际教育教学工作中总是呈现出重智轻德、分数为本、升学至上的现状。德育长期处于"说起来重要，做起来次要，忙起来不要"的状况，经常处于无位、无力、无效、无为、无奈的"五无"状态。德育人怀抱的常常是不自信、不自豪、不自强的"三不"心态。所以，不管是厚德重德，还是崇德尚德，目的都不仅仅是落实"德育首位"，更重要的是通过培育学校德育的品牌，崇德以正教，正本以清源，最大功效发挥德育的价值导向功能，巩固德育在学校素质教育和学生全面发展教育中的重要地位，梳理、斧正德育与智育和其他教育的融汇互促的关系，提升德育的实际功效，完成立德树人的根本目标。

学校作为教育的载体，是教育发展到一定阶段必然形成的特殊形式。相对施教者和受教者"流水兵"式的动态性发展变化而言，学校是相对稳定的"铁打营盘"。因此，学校更需要品质内涵的建设，以期与时俱进及优质发展；更需要创新发展特色品牌，以实现可持续发展。

在学校教育学段，基础性与普及性是最基本的共同需求，我国地情、校情各异，其共同需求肯定不能样式化，更不应该千篇一律。规范化发展与特色化发展，创新发展与个性发展，兼容并蓄、求同存异、相互促进，"各美其美，美美与共"，才是科学发展之路，才有利于挖掘各种资源优势，激发各校的潜能和动力，促进校园建设的内涵式可持续发展。学校德育品牌建设能使高质名校更上一层楼，使辉煌一时的老校熠熠生辉，使原地徘徊的学校奋起直追，使落后的弱校起死回生。学校德育品牌建设是学校进步和提升的新的生长点。

立德树人是学校教育的根本任务，更是学校德育的核心内容。对德育而言，创品牌、树特色并非其根本目的，立德树人才是其根本所在。所以，眼中不能仅有特色品牌来建设学校德育特色品牌。不仅如此，学校德育特色品牌建设的出发点、落脚点、立足点、归宿点都应有利于提升受教者的品质，所谓品牌特色，仅作为其载体罢了。所以，学校德育特色品牌建设要牢记立德树人的初心，坚守提升受教者的品质的目标。无论是德育特色品牌主题及核心理念的提炼与设计、目标愿景的提出与预期、内容体现的组织与规划，还是过程步骤的实施与调控，以及结果效果的实现与达成，都应紧紧扣住正确引导受教者的发展，切实促进受教者良好品质的形成以及志、知、意、情、行等诸多品质元素协调发展的目标而开展。

三、学校德育品牌培育的价值取向

德育的本质要求在于价值引领，其核心作用是培养学生正确的价值取向，正知以正念，正念以正能，正能以正行，正行以正品。学校德育品牌的培养一样需要符合德育的本质要求及核心作用。不一样的是，德育的目的与功能较多体现于提升受教者的品质进步方面，而德育品牌的目的和功能则主要表现在对学校的内涵式可持续发展以及创新发展方面。所以，在培育学校德育品牌的进程中，价值引导基本原则具体表现在"文化构建与精神引领""校本传承与创新发展""自我完善与共生发展"三个层面。

（一）文化构建与精神引领

学校德育品牌培育过程是价值引领与文化构建相整合的过程，是德育特色创新与学校文化营造相融合的过程。文化构建与精神引领是价值引领的第一原则，是价值引领在德育品牌培育上的主要形式，基本内容表现为三个方面。

首先，文化构建与精神引领的核心是整体营造理念体系。培育学校德育品牌，最重要的是整体营造学校德育的特色文化体系，诸如开展制度文化、环境文化、精神文化和行为文化体系的建设，亦可推行显性文化、隐性文化和潜在文化体系的营造，还可实行理念文化、视觉文化、言语文化、行动文化识别系统的构建。针对学校德育以及师生交流互动的特点，构建学校德育特色文化体系应着眼于校园文化、课程文化、课堂文化、班级文化、家校文化等具有内在关联性的体系建设方面，尤其要围绕特色品牌创建的核心理念，进行诗意校园、校本课程、友好课堂、和谐班级、共育家校五大特色主题文化的整体营造，形成合力，共同促进学校德育特色品牌建设。

其次，文化构建与精神引领的关键是树立"学校精神"。学校精神的树立，就本质而言，是确立某种愿景并提出学校发展目标，凝成某种理念来营造共同的价值追求，铸就某种信念去唤醒立德树人情怀，建立一个支点而激荡教育的团队智慧，涉足一段征途以促进教师自我成长的过程。实践结果表明，树立学校精神是培育学校德育品牌的支点。学校精神可以通过办学理念、教育愿景、育人理念，尤其是校训体现出来。例如，苏州建设交通高等职业技术学校校训是"厚德尚学 精技致能"，推行"砼心同行"德育教育。

再次，文化构建与精神引领的目的在于促进学校自主发展。有三种互相联系的方式控制着学校特色文化建设与品牌发展：由标准控制的外推式发展、由愿景控制的内生式发展以及由联系控制的共生式发展。外推式发展注重规划引领，内生式发展侧重内动生成，共生式发展偏重互动促进。

创建学校德育品牌的三种发展方式缺一不可。但是，就其生命力以及对学校可持续发展的作用来讲，学校更加应该强化内生式发展，激发内在动力，有效发挥德育文化品牌构建与精神引领的作用。

（二）校本传承与创新发展

建设学校德育品牌不能异想天开、凭空设想，更不能为特色而创特色。学校德育品牌不是无源之水、无本之木。培育学校德育品牌应该是一种校本发展研究、规划与行动，同时亦是改革发展的一种校本创新行为。校本化、个性化与创新性、发展性是学校德育品牌建设的重要特征。所以，培育学校德育品牌要坚持校本传承与创新发展两大原则。

校本传承是在确认、梳理、发掘学校德育特色资源基石上的文化延伸活动，目的是营造和构建学校的德育特色文化。学校德育特色资源应包含校名、校训、学校精神等。校本传承的可持续发展取决于对校本特色资源的准确把脉，包括问题把脉、优势把脉和发展把脉，通过精准把脉，确立特色优势资源的本质内涵，从而形成特色品牌的核心文化。以校名文化特色资源为例，苏州建设交通高等职业技术学校根据校名中的"建设"行业特质，创建了以混凝土的同义词"砼"为基础的德育品牌"砼心同行"德育；以"交通"行业特质，确定了"砼心同行"德育"一轴四驱"的德育目标。

创新发展是在对校本特色资源传承的基础上进行积极的价值探究以及可持续发展，目标指向是创建正向的学校德育品牌。作为正面导向原则的一种具体表现，创新发展要求树立积极向上的学校精神，传递德育的正能量。在此原则引领下，平凡可化为神奇，弱势可转为优势，消极可变成积极。培育学校德育品牌要在传承中创新，在创新中不断传承发展。坚持校本传承与创新发展共融的原则，为促进学校德育品牌的构建、确立和可持续发展动力机制提供了有力保障。传承是对校本特色资源的有效整合与再次利用。创新是对校本特色资源的深入挖掘与创造开发。传承与创新的目的都是为了发展。所以，学校要在传承校本特色德育文化的基础上，用创新的意识、发展的思路去引导德育品牌培育理念的提炼，做好顶层规划的设计，从而有序地构建起学校德育品牌发展的整体有机模式体系。

（三）自我完善与共生发展

长期以来，教育参与者们总是将学校的特色化建设看作"人无我有、人有我特、人特我优、人优我变"的标新立异过程，往往忽略了其品质性和根本性的文化内涵。从根本意义上讲，培育和创建学校德育特色品牌是学校寻求自我突破的一个创新发展过程，故必须符合自我完善的原则。同时，学校德育特色品牌对内（即校内及各项其他教育）具备规范、引导、协调等功能，对外（即校外及各级各类其他同类和不同类学校）具有示范、应用、推广等价值意义，所以培育和创建学校德育特色品牌必须坚持共生发展的原则。

自我完善与共生发展体现出培育学校德育品牌的"绿色生态发展"理念。人们常常将"绿色生态"仅等同于"低碳环保"的概念，然而，"绿色生态"的真实内涵是"三生态"，即"内生态""共生态""续生态"。对于基于绿色生态原理的学校德育品牌培育而言，自我完善便是内生态发展，共生发展则是共生态发展，而自我完善与共生发展的融合乃是续生态发展。所以，在培育和创建学校德育品牌进程中，自我完善与共生发展原则是通过彼此互相影响、相辅相成，来实现两者互动促进、相得益彰的绿色生态发展目标的。

第三节 学校德育品牌建设的误区与高等职业院校德育品牌的构建

一、学校德育品牌建设的误区

德育引导人生。德育品牌建设关乎学校和学生未来的发展。学校德育品牌建设，不仅是某种特色创建活动，也是一项建设工程。但是很多学校没有从德育品牌创建工作可提升学校德育服务水平、提升学生德育体验度、促进学生个体发展的角度来认知和实践。

（一）德育品牌知名度建设中的误区

品牌知名度是指潜在购买者认识到或记起某一品牌是某类产品的能力，是消费者决定购买的重要动力。高等职业院校德育品牌的知名度一方面须依靠媒体传播，另一方面则有赖于需求方如学生、用人单位的口碑。因而，需求方对高等职业院校德育品牌定位、品牌特色的感知将直接影响学生报考、企业录用等。

但是，由于部分高等职业院校缺乏对高职教育服务需求、办学条件、教学规律的研究，造成德育品牌定位模糊；且不少院校存在德育工作形式重于实质、德育内容脱离生活、过度强调德育外在表现形式的统一、过分强调道德灌输的效果等问题，甚至出现"千校一面"的现象，品牌特色不鲜明，无法让需求方清晰感知、识别不同高等职业院校德育的差异化特色，这将对高等职业院校的德育品牌知名度产生负面影响。

（二）德育品牌美誉度建设中的误区

品牌美誉度是指受消费者接纳、欢迎、信任的程度。伯顿·克拉克（Burton Clark）认为，高校竞争的焦点是获得相对声誉，而声誉是高校独一无二的最大资源。高等职业院校德育品牌美誉度是公众对院校德育工作所做出的正面评价，这与高等职业院校所提供德育教育服务中显现的学生技能提升、学生个性发展、教学成果、优秀德育教师队伍等密切相关。

但是，高等职业院校德育品牌特色不显著，德育课程、德育活动条件不足，德育师资力量不强，造成学生感知高等职业院校的德育服务质量不高；同时，高等职业院校培养的学生既不具备扎实的过硬技术，也缺乏突出的道德修养，毕业生就业难、用人单位招工也难，这些造成需求方感知高等职业院校德育服务质量不高，无法对高等职业院校产生良好的信任度，直接影响了高等职业院校德育的品牌、声誉。

（三）德育品牌忠诚度建设中的误区

品牌忠诚度是指消费者对某种品牌的偏好，形成的长期购买品牌商品的行为，且不易受营销推广的影响。作为高等职业院校德育服务需求方之一的学生，形成的重复购买行为主要表现在继续教育、短期培训等方面，次数不多，而学生的忠诚度能影响来自同一所中学学生的入学选择；作为德育服务需求方之二的用人单位，如果具有较高的忠诚度，则会继续招聘该高等职业院校的毕业生，从而很好地解决高等职业院校入口与出口这两个关键问题。

然而，不少高等职业院校的德育服务意识薄弱，当学校面临招生、就业难题时往往等客上门，不了解学生和用人单位的真实需求，虽然在德育教学中也探索了诸如校企合作、工学结合、企业讲师等新模式，但多数流于形式，出现供需脱节，这就会影响需求方感知高等职业院校德育服务的质量和口碑，造成学生和用人单位对高等职业院校德育品牌的忠诚度较低。

（四）德育品牌联想度建设中的误区

品牌联想度是指消费者看到或听到某一品牌后所联想到的所有内容，是对产品特征、消费者利益、使用场合、产地、人物、个性等的人格化描述。高等职业院校的德育品牌联想是指需求方就学生技能强、道德修养高等联想到高等职业院校的德育品牌资产或资源。

高等职业院校在人才培养方面都已着手探索多元合作、产教融合形式，如与名校、名企合作办学，成立各式各样的合作机构等，但实践中存在合作层次不高，高等职业院校沦为用人单位的招聘场所，在提升德育教育服务质量方面融合不深，如在德育目标确定、德育内容建设、德育课程开发、校内外德育实践基地建设等方面还有待拓展等现象。高等职业院校与本科院校、国内外其他机构在德育教育方面的合作尚未全面铺开，在一定程度上限制了需求方对高等职业院校的德育品牌联想度，影响了需求方感知高等职业院校德育的品牌价值。

二、构建高等职业院校德育品牌体系

（一）高等职业院校德育品牌的界定

高等职业院校德育品牌是从企业品牌的概念中延伸出来的，一般分为狭义的和广义的两种。狭义的高等职业院校德育品牌是指高等职业院校德育品牌的名称和可以作为高等职业院校德育品牌名称的标志；广义的高等职业院校德育品牌是指高等职业院校德育的名称、标志，以及为教育消费者提供服务的各要素（德育师资、德育内容、校园文化等）的整体社会知名度、美誉度的总和，是外延和内涵的统一。在本质上，高等职业院校德育品牌可以不断升华办学特色和教育质量，不断提高高职教育的服务水平。这种无形资产会给高等职业院校带来巨大的附加值，引发品牌效应。

（二）实施品牌战略的目的

高等职业院校通过创立、拓展、推介和经营品牌来增强竞争力。实施品牌战略的目标是使高等职业院校专注市场、社会、未来的需求，确定整体优势和特色，利用优秀人才、特色学科及知名教师等不断开拓市场，提高教育效益和社会效益，得到社会的普遍认同。高等职业院校不能将企业品牌实施战略简单移植到学校，因为人才的培养具有周期长和滞后性的特点，是长期的、复杂的，不一定会在短期内产生效益。高等职业院校德育品牌战略的实施与企业品牌战略的实施不同，它不能像企业那样完全市场化，还应注重一些非市场的、仍在起着重大作用的因素，应符合教育规律及人才培养的特点。

（三）实施品牌战略的措施

第一，提高人才培养质量，推出精品。推出精品是企业发展的基础。企业家一定要把产品做实，有好产品就有好客户，有好客户就有好口碑，有好口碑企业才能成功。企业不断创造满足客户需求的产品，并体现出持续创新的新思维、新方法，形成"人无我有、人有我优"的产品理念。高等职业院校与企业密切合作，组建实训基地，让学生在真实的岗位上得到锻炼，增长知识，了解社会，为学生与就业岗位的对接创造有利条件，增强了学生的就业能力。学校向社会输出高质量、高技能型人才。这些人才在企业中建立起了良好口碑，将为院校的社会评价增分，而学校获得了良好的社会声誉，又会直接影响和带动新生招录，而形成学校发展的良性循环。

第二，加强产学合作，进行精准营销。在互联网时代，营销可以做到更加精准。企业可以利用互联网数据分析、研究消费者行为，判断消费者的消费倾向，精准投放广告。目前，这种调查研究、分析判断不仅仅是一种技术，更是一种理念。为了培养适应生产、建设、管理、服务第一线需求的高技术应用型专门人才，高等职业院校需按照企业职业岗位要求或技术领域对应用型人才的要求来制订人才培养方案，并实施于高职教育教学的各个环节。学校与企业必须密切联系，乃至进行零距离的相互渗透。因此，高等职业院校制订人才培养方案时不能闭门造车，需要企业一线管理人员和技术人员参与，联合开发相关课程，研究制订培养学生的知识、能力、素质结构的整体方案。

高等职业院校应积极适应市场需求，争取自己的生存和发展空间，以获得最大的教育和社会效益。企业以追求利润为根本,注重提高经济效益。学校与企业构建产学合作,从经济与科技发展上讲,是推动双方在可预料获得利益的驱动下产生合作的动机与愿望。企业在产学合作中对教育进行人力、财力和物力的投入,为高等职业院校的发展提供一定的物质支持;高等职业院校在企业技术应用与产品开发、人力资源开发与培训、提供高质量毕业生等方面为企业提供人力服务。只有产学双方的利益都得到实现,才能保证产学全面、长期合作。高等职业院校应与企业建立良好的沟通和全面合作关系,促进产学结合的深入发展,实现双方共赢。

第三,打造德育师资队伍,构建精英团队。要想提高德育质量,必须提高德育教师队伍的整体水平。目前高等职业院校德育面临的最主要问题是教师数量不足、水平不高。根据当前我国高等职业院校德育教学现状,教师队伍建设必须采取专兼职结合的方式,走"双师型"发展的道路。通过校企合作,把生产第一线有实践经验的工程技术和管理人员引进学校课堂,弥补职业素养、生涯规划教育的不足,确保整体教师团队具有较高的专业水平,以便在教学中较好地把德育理论知识与生活、生命、生态实际紧密结合起来,更好地提升人才培养质量。

第四,推进制度建设,实现精细管理。持续推进高等职业院校的制度建设,有利于学校办出特色,营造良好的质量保障环境,健康发展。

(1)以改革精神不断推进制度建设。学校逐步将原来由学校承担的社会责任分离出去,走社会化管理之路;逐步把人才的使用权和所有权分离;逐步把管理重心下移,建立结构合理的院、系两级架构,明确院、系两级各自的责任和权力,并营造出广大教职工积极参加院、系各项重大事务的决策和管理的氛围。

(2)以创新精神不断推动制度建设。一方面,学校在传统的教学基础上,充分运用网络上的各种教育资源开展教学;另一方面,学校运用计算机辅助教育技术对德育知识框架进行模块化组织和管理,在理论教学与德育体验式教学模块重组、简化等方面进行管理创新,不断优化、调整及改进。

(3)以严格精神不断推动制度建设。为达到预期的目标,学校对组织机构所拥有的资源进行合理配置和使用,严格管理。

(4)以精细精神不断推动制度建设。学院实行精细化管理,根据高等职业院校的特点,把管理工作做深做细。在实践中,高等职业院校德育应从理论教学到实践实训,从行为习惯到常规管理,从吃饭穿衣到宿舍就寝,做到"全时空、全方位、全过程"的管理。

(四)高等职业院校德育品牌战略的实施

高等职业院校德育品牌战略在进行可行性研究的基础上,要达到思想统一和方法一致,方可付诸实施。这是一个比较长期的过程,要通过创立、规划、拓展、经营、评估、宣传等步骤,逐步开展,稳步前进,绝不可一蹴而成。高等职业院校应组织各部门之间开展有机合作,逐步挖掘各个层面的潜在能力,进一步增强整体竞争力,推动学校全面发展。

高等职业院校在品牌战略实施中大致可分六步走:第一步,抽调人员,成立机构;第二步,制定近、中、远期三个目标与规划;第三步,分段实施,稳步拓展;第四步,积极经营,全面推进;第五步,评价体系,组织检查;第六步,总结经验,以利再战。

参考文献

[1] 中共中央马克思恩格斯列宁斯大林著作编译局. 马克思恩格斯选集：第 4 卷［M］. 北京：人民出版社，1972.

[2] 潘懋元. 高等教育学［M］. 福州：福建教育出版社，1984.

[3] 刘合群. 职业教育学［M］. 广州：广东高等教育出版社，2004.

[4] 马树超，郭杨. 中国高等职业教育 历史的抉择［M］. 北京：高等教育出版社，2009.

[5] 中国高等职业技术教育研究会. 20 年回眸：高等职业教育的探索与创新（1985—2005）［M］. 北京：科学出版社，2006.

[6] 朱小蔓. 情感德育论［M］. 北京：人民教育出版社，2005.

[7] 于朝晖，邵喜武. 公共关系学［M］. 北京：北京大学出版社，中国林业出版社，2008.

[8] 国家教育委员会成人教育司. 全国成人高等教育工作会议资料选编［M］. 沈阳：辽宁人民出版社，1993.

[9] 刘海，于志晶，陈衍. 回眸：中国职业教育历史报告［M］. 长春：东北师范大学出版社，2007.

[10] 黄宽勇. 战略联盟的竞争优势创造机理与实证研究［D］. 桂林：广西师范大学，2007.

[11] 吴越. 中国高校联盟运行机制研究：基于多案例的分析［D］. 武汉：华中科技大学，2011.

[12] 顾琲. 五年制高职教育的问题及对策：以江苏省为例［D］. 南京：南京师范大学，2006.

[13] 赵远征. 山东省五年制高等职业教育发展研究［D］. 济南：山东师范大学，2009.

[14] 成敦杰. 我国五年制高职院校的人力资源管理研究［D］. 南京：南京林业大学，2007.

[15] 陈玉华，吕光军. 我国五年制高职教育的回顾与展望［J］. 教育与

职业, 2005 (36): 6-7.

[16] 刘薇. 高校院系资料室计算机管理研究 [J]. 辽宁师范大学学报: 自然科学版, 2008 (4): 449-450.

[17] 柳国梁. 五年一贯制学前教育专业人才培养模式改革的实践研究 [J]. 宁波大学学报: 教育科学版, 2013 (2): 66-71.

[18] 张映盛. 五年制高职德育培养目标的研究和实践 [J]. 职教通讯, 2004 (10): 53-54.

[19] 石海燕. 关于五年制高职德育课程设置的思考 [J]. 中国职业技术教育, 2003 (8): 67-69.

[20] 周进军. 关于青年教师队伍建设的思考 [J]. 考试周刊, 2008, (47): 7-8.

[21] 王同亚. 五年制高职学校班主任队伍建设存在的问题及对策 [J]. 科教文汇, 2009 (8): 21, 42.

[22] 魏斌. 高校青年教师师德师风建设内外因分析研究 [J]. 教育探索, 2011 (5): 125-126.

[23] 林良夫, 吕澜, 费英勤. 高校贫困生助学策略管见 [J]. 教育发展研究, 2004 (3): 67-70.

[24] 咸伟, 梁小伟. 谈教学质量保证体系有效性的自我评价 [J]. 现代教育科学, 2007 (5): 114-116.

[25] 李嘉明, 甘慧. 基于协同学理论的产学研联盟演化机制研究 [J]. 科研管理, 2009 (S1): 542-550.

[26] 黄玉杰, 刘自敏. 战略联盟运作管理的理论基础探析: 交易成本理论、资源依赖理论以及关系契约理论的结合 [J]. 生产力研究, 2005 (6): 197-200.

[27] 潘艾华. 基于校企合作联盟理论的高职教育体制机制创新思考 [J]. 教育与职业, 2012 (24): 11-13.

[28] 张英杰. 共生视域下校企合作战略联盟机制研究 [J]. 教育与职业, 2012 (17): 13-15.

[29] 祝平. 现代职教体系和中高职衔接探析 [J]. 剑南文学: 经典教苑, 2012 (6): 390-391.

[30] 孙静华, 姚延芹. 五年制高职何以成为"香饽饽" [J]. 教育与职业, 2010 (4): 30-33.

[31] 黄尧. 与时俱进不断创新推动五年制高等职业教育稳步发展: 在全国五年制高等职业教育学校协作会 2002 年例会上的讲话 [J]. 中国职业技术教育, 2003 (1): 1-5, 8.

[32] 李红卫. 改革开放后我国五年制高职政策回顾与展望 [J]. 职教论坛, 2010 (3): 26-29.

[33] 蔡柏良. 五年制高职教育特色浅析 [J]. 中国职业技术教育, 2002 (18): 48.

[34] 郝增林. 五年制高职可持续发展研究 [J]. 职教论坛, 2004 (9): 18-19.

[35] 韩久同. 对中专办五年制高职的思考 [J]. 中国职业技术教育, 2001 (10): 53-54.

[36] 吴宏远. 浅谈五年制高职教育的特点及对策 [J]. 职教论坛, 2004 (14): 7.

[37] 彭丽华. 欠发达地区五年制高职学生管理 [J]. 中国成人教育, 2006 (2): 40-41.

[38] 王茹. 改革开放初期我国高等职业教育的起步与发展 [J]. 教育理论与实践, 2008, 28 (11): 28-30.

[39] 李涛. 五年制高职电子商务专业实践教学体系探析 [J]. 人才, 2011 (12): 73-74.

[40] 孙静华, 眭永兴. 试谈五年制高职产学研结合为导向的"双师"队伍建设 [J]. 教育与职业, 2011 (29): 63-64.

[41] 金友鹏. 五年制高职师资队伍的建设与发展 [J]. 江苏社会科学, 2011 (S1): 39-41.

[42] 胡长效, 蒋留生. 五年制高职创业教育途径方法研究 [J]. 中国现代教育装备, 2012 (11): 95-96.

[43] 杨海洋, 吴艳瑾, 徐良芝. 开展五年制高职校教学督导管理的实践与思考 [J]. 江苏教育: 职业教育版, 2009 (15): 18-20.

[44] 许曙青. 五年制高职工学结合教学实践中的若干问题 [J]. 江苏社会科学, 2010 (S1): 76-79.

[45] 杨晓华. 五年制高职校企合作下的机制创新 [J]. 江苏社会科学, 2010 (S1): 62-65.

[46] 苗富强. 高职"3+2"模式人才培养质量存在的问题及对策分析 [J]. 教育与职业, 2012 (24): 30-31.

[47] 何锡涛. 新老五年制高职教育的比较 [J]. 中国职业技术教育, 2004 (2): 48-50.

[48] 崔选盟. 德国"双元制"职教体系探讨 [J]. 中国新技术新产品, 2008 (7): 100-101.

[49] 徐元俊. 对构建现代职业教育体系的几点思考 [J]. 职业技术教育:

教科版,2004(1):67-69.

[50] 管弦. 高职教育人才培养模式研究[J]. 机械职业教育,2011(12):14-16.

[51] 李建求. 台湾社会经济的发展与技职教育的变革[J]. 比较教育研究,2000,21(1):39-43.

[52] 黄鑫,金盛. 关于国内中高职衔接研究之述评[J]. 职教论坛,2011(18):38-41.

[53] 周建松. 审慎发展五年制高等职业教育[J]. 教育发展研究,2012(5):76-78.

[54] 蒋春洋. 制度分析视角下我国高等职业教育发展研究[D]. 吉林:东北师范大学,2013.

[55] 方丙丽. 我国高等职业教育发展的瓶颈与对策:从教育要素角度来分析[J]. 包头职业技术学院学报,2009(2):14-17.

[56] 金宏义,王莉红. 职业教育与职业资格证书制度衔接研究[J]. 继续教育研究,2009(7):48-49.

[57] 李守富. 国外发展职业教育的几种模式[J]. 中国民族教育,2003(4):41-43.